不吼不叫，把孩子培养好

青影 林楠◎主编

北方妇女儿童出版社

·长春·

版权所有　侵权必究

图书在版编目（CIP）数据

不吼不叫，把孩子培养好 / 青影，林楠主编. -- 长春：北方妇女儿童出版社，2023.8
ISBN 978-7-5585-6690-5

Ⅰ. ①不… Ⅱ. ①青… ②林… Ⅲ. ①家庭教育 Ⅳ. ①G78

中国版本图书馆 CIP 数据核字 (2022) 第 183122 号

不吼不叫，把孩子培养好
BU HOU BU JIAO, BA HAIZI PEIYANG HAO

出 版 人	师晓晖
策 划 人	陶　然
责任编辑	关　巍
封面设计	天下书装
开　　本	710mm×1000mm　1/16
印　　张	10
字　　数	84 千字
版　　次	2023 年 8 月第 1 版
印　　次	2023 年 8 月第 1 次印刷
印　　刷	旭辉印务（天津）有限公司
出　　版	北方妇女儿童出版社
发　　行	北方妇女儿童出版社
地　　址	长春市福祉大路 5788 号
电　　话	总编办：0431-81629600

定　　价	39.80 元

前言
PREFACE

我相信每一对父母都渴望把孩子培养得出类拔萃，然而要做到这一点并非易事。父母需要树立正确的育儿观念，掌握正确的育儿技巧。

在培养好孩子的过程中，父母的坏情绪可谓是一只拦路猛虎！相信很多父母都曾朝着孩子大吵大嚷过，当然这大多数时候是有缘由的，也许是孩子太淘气，也许是孩子成绩总是上不去，但无论何种缘由，这种吼叫对你和孩子并无益处。很多父母事后也很后悔，他们也想改掉这个坏习惯，可是下一次坏脾气依然如影随形。

为了帮助父母心平气和、善解人意地与孩子相处，为了让孩子能度过一个充满温情的童年，我们编著了《不吼不叫，把孩子培养好》这本书。本书内容全面，包含停止无效吼叫、接纳不完美的孩子、心平气和地与孩子沟通、帮孩子平稳走过青春期等诸多方面。书中的每一篇文章都经过了我们的精心挑选，均体现了父母在教养孩子的过程中可能出现的各种典型状况和问题。我们还结合事例对家长或孩子的心理、做法进行详细的分析，对家长可能会遇到的问题进行解答，再从不同方面给父母提出相应的解决措施或建议。相信通过阅读本书，父母在管理自己的情绪方面会有所进益，能够找到更科学的育儿方式。

　　本书旨在帮助每一位父母找到不吼不叫培养优秀孩子的方法，让父母的教养方式更科学，让孩子的成长更顺利！

目录 CONTENTS

 第一章 好的养育，是停止无效吼叫

远离简单粗暴的打骂教育	002
父母的态度决定着孩子的"脾气"	007
用温和的建议代替冰冷的批评	012
你的气话是会误导孩子的	015
实施赏识教育，让孩子快乐成长	018

第二章 不吼不叫，接纳不完美的孩子

孩子犯错是再正常不过的事	024
纠正孩子错误时要就事论事	028
理性看待出现过失的孩子	032
谨慎化解孩子的浮躁情绪	037

001

消除孩子的虚荣心，理解比训斥更有用　　　　041

耐心纠正孩子的"插话"行为　　　　　　　　044

第三章　不吼不叫，心平气和地与孩子沟通

"平视"孩子，才能了解孩子的内心　　　　　048

孩子不愿意交流，父母须检讨自身　　　　　051

父母要把孩子的话放在心上　　　　　　　　057

会好好说话的父母才是聪明的父母　　　　　060

不要因"忙碌"把孩子拒之千里　　　　　　063

第四章　不吼不叫，照样可以培养出优等生

让孩子认为学习也像游戏一样有趣　　　　　068

父母要看清分数的两面性　　　　　　　　　072

父母要关注孩子的学习疲劳期　　　　　　　076

让孩子拥有独立学习的能力　　　　　　　　079

帮助孩子合理规定学习时间　　　　　　　　083

第五章 不吼不叫,培养出高情商的孩子

自我认知是培养高情商孩子的基础	088
让孩子有容纳百川的心胸	092
有教养的孩子才能人见人爱	096
让孩子拥有与同龄人交往的能力	101
高情商的人善于记别人的名字	105
谦虚是高情商孩子必备的"法宝"	108
懂得倾听的孩子情商高	111

第六章 不吼不叫,培养能力超群的孩子

创造力是孩子一辈子的财富	116
抗挫折能力强的孩子走得更远	120
生存技能是孩子必备的技能	125
孩子的观察力要从小培养	128

第七章 不吼不叫，帮孩子平稳走过青春期

从容应对青春期孩子的逆反心理　　　　　134

青春期的孩子内心很脆弱　　　　　　　　139

对待青春期孩子要有耐心　　　　　　　　144

正确对待青春期追星的孩子　　　　　　　149

第一章

好的养育,是停止无效吼叫

远离简单粗暴的打骂教育

打骂教育是一种畸形的家庭教育，非但无法使孩子成才，反而会导致家庭悲剧的发生。早在三百多年前，英国大名鼎鼎的哲学家和教育思想家约翰·洛克就曾经下定论："打骂的教养方式，只能培养出'奴隶式'的孩子。"每一位父母都望子成龙、望女成凤，然而，他们中的一部分却没有把握好教育的度，导致教育"失重""失度"，也因为急功近利而在不知不觉间采取打骂的教育方式，导致事与愿违。正是因为如此，一些家庭里才会发生令人触目惊心的悲剧。

小红今年8岁，虽然是一个女孩子，但是她可是全校出了名的捣蛋大王，甚至在学校创下了打架纪录。哪怕她能安安稳稳地上完两堂课，老师和同学们都会感到轻松很多。她憎恨身边所有的人，而且只要受到批评，就会推卸责任，为自己辩解。

黄老师是学校刚聘请的心理老师。她发现小红性格孤僻，没有安全感。原来，同学们都远离小红，害怕被小红攻击。所以，每当同学们结伴在操场上玩耍时，小红只能充满渴望而又妒火中烧地看着。有的时候，小红还会偷偷地用妈妈的护肤霜，也许是希望给大家留下一个良好的印象吧，遗憾的是，从来没有人注意到她。

连续两个星期，黄老师始终坚持定期和小红谈话，终于走进了小红的内心，消除了小红的对立情绪，小红忍不住失声痛哭起来。小红毕竟是个孩子，而且还是个女孩子，她的内心非常脆弱。黄老师默默地想：小红一定长期处于压抑的状态中。

小红说："老师和同学们都不喜欢我，我也很讨厌自己！其实我根本不想和同学打架，却控制不住自己。我经常被妈妈批评，放学了不想回家，不知道要去哪里……"

黄老师经打听了解到，小红的父母感情不好，经常当着小红的面吵架，甚至有的时候气得歇斯底里，还会打骂小红以发泄怒气。长期生活在如此糟糕的环境中，小红的性格越来越喜怒无常。

由此看来，小红打人骂人、调皮捣蛋，她的父母要负主要责任。从心理学的角度来说，经常挨打的孩子，心理会扭曲，最后就会走入极端。这些孩子大多有以下几种表现：

（1）冷漠

孩子做错事之后很渴望得到父母的原谅和指导，这样才能明确自己应该怎么做，以后遇到类似的情况时就能知道应该怎么做。但是，如果父母只会打骂孩子，就会与孩子渐行渐远，也会使孩子对父母的感情变得淡漠。童年时期，孩子挨打的次数越多，就越会因为紧张和恐惧而情不自禁地进行自我保护。他们更加关心自己，担心自己的安全，而无暇顾及他人，丝毫不懂得关心、照顾、体贴他人。尤其是在与他人发生冲突时，他们根本不可能设身处地为他人着想。

（2）自闭

孩子做错事之后偶尔会说漏嘴，在这种情况下，假如父母动手打孩子，那么孩子就会尽量闭嘴，以免言多必失，被父母发现破绽，暴露真实的情况。当有了"少说为妙"的想法时，孩子就会变得内向，越来越不喜欢说话。有些孩子做了错事之后，如果被其他孩子告发，并且因此受到惩罚，那么他们就会封闭自己，尽量不与其他孩子交往。长此以往，孩子就越来越自闭。

（3）盲从

当孩子从无数次的经历中总结出教训，意识到只要听父母的话，就能够免于挨揍，渐渐地，孩子就会失去主见，不再坚持自己的想法，而毫无原则地采纳父母的意见。可想而知，孩子在这样的状态下长大，不管做什么事情都难以有所创新。他们毫无主见，必须在别人的命令下才能展开行动。

（4）粗暴

众所周知，孩子的模仿力很强。他们和父母朝夕相处，父母成了他们最好的老师。从本质上而言，父母打骂孩子，非但无法达到预期的教育效果，反而会在无形中给孩子带来负面影响，甚至使孩子也具有暴力倾向，在特定的情况下对他人大打出手。这样下去，孩子很有可能形成对一切都不以为意、无所顾忌的性格。

（5）喜怒无常

父母在打了孩子之后，如果发现孩子改正了错误，那么就会理所当然地认为打可以有效改变孩子的行为，而丝毫没有意识到孩子是因为害怕挨打才勉为其难地改正错误。可想而知，尝到甜头的父母会经常使用暴力对待孩子，在教育孩子方面变得越来越冲动和草率。时间久了，孩子会成为父母的镜子，和父母一样容易冲动，喜怒无常。

总之，父母期望通过打骂的方式来教育孩子是错误的，这种极端的方式根本不可能使孩子变得听话。教育专家指出：父母在打骂孩子之后，会推卸责任，觉得正是因为孩子不听话，所以才逼着自己去打骂他们，而很少努力地探索有效的方法教育孩子。父母们，当你们被孩子气得怒火中烧时，不妨试试用以下这些方法教育孩子，相信它们会让你渐渐改掉打骂孩子的不良行为。

（1）多多了解孩子

在为了生活奔波忙碌的同时，父母一定要抽出时间多多陪伴孩子，深入了解孩子，经常与孩子沟通，也与负责带养孩子的保姆和孩子的老师经常沟通，这样才能全方位了解孩子在家庭和学校中的表现。人与人之间，沟通是关键。哪怕亲如父母子女，也要多一分了解，才能少一分误解。只有了解孩子，在孩子不听话的时候，父母才知道如何引导和帮助孩子。

（2）耐心倾听孩子的心声

如果父母很容易情绪冲动，那么在面对不听话的孩子时，往往会不假思索地打骂孩子。孩子越是不听话，父母越是应该冷静下来，耐心地倾听孩子的想法，走入孩子的内心，了解孩子不听话的原因。当父母想方设法地了解孩子的真实想法，并且竭尽全力帮助孩子解决问题时，就会发现孩子的行为是有原因的，也是可以谅解的。在此过程中，父母就能够消除负面的情绪，恢复冷静和理智。

（3）尊重和平等对待孩子

很多父母都喜欢高高在上地对待孩子，以此在孩子面前保持威严，也习惯于以上对下的态度对待孩子。教育专家建议，父母要真正地尊重孩子，平等地对待孩子。在亲子相处中，父母要放下架子，和孩子沟通时，目光要平视，不要总是俯视孩子、命令孩子。此外，父母还要减少对孩子说"不"，经常给孩子选择题去做，让孩子在父母限定的范围内独立自主，做出决定。如果孩子有其他意见，父母要允许孩子发表看法，提出他的方案。

（4）控制好情绪再管教孩子

在极端愤怒的情绪之中，父母歇斯底里，怒火中烧，根本无法以理性的方式管教孩子。因此，当父母不管怎样都无法恢复冷静的时候，不妨暂时离开现场，或者采取其他方式有效地转移注意力，诸如做其他事情。一定要等到自己恢复冷静之后，再友好地与孩子沟通。

 ## 父母的态度决定着孩子的"脾气"

每个父母都希望自己的孩子秉性善良，性格开朗，态度温和。但是孩子在成长的过程中，有时会与父母的期望背道而驰。孩子是一个独立的个体，他们有自己的思想和愿望，在要求无法被满足的时候会哭闹，会发脾气，甚至会暴怒。这个时候，相信很多父母为了清净，会直接简单粗暴地吼叫孩子，甚至会动手打孩子，完全忽略孩子此时的心情与情感需求。其实，这种做法是不妥当的。

在成年人的世界里，有很多的条条框框规范着大家的行为，什么样的情感表达合乎情理，什么样的情感表达不被认可，大人心里都有数。但孩子对事物尚未形成明确的概念，因此他们想哭就哭，想笑就笑，不受任何约束。尤其对两三岁的孩子来说，哭闹、发脾气是再正常不过的一件事了。因为这个年龄段的孩子对世界的认知能力很差，他们想去天寒地冻的雪地里玩，但是父母不允许，至于为什么不允许，他们也搞不明白，于是通过发脾气的方式表达自己的不满。等孩子4岁以后，他们就会明白一些简单的道理，此时，自制能力有了一定的提升，情绪也不会那么容易冲动。但如果这个时候还频频哭闹，且经常发脾气，父母就要在自己身上找原因了。

孩子发脾气是其宣泄情绪的一种重要途径，作为一个理智的父母，不仅要允许孩子发泄自己的不良情绪，还要找到孩子发脾气的原因，并加以安抚。

天天的脾气非常倔，只要是他认准的事情，就算是九头牛也拉不回来。而且，更让父母头疼的是，天天不仅倔强，而且脾气也非常差，只要有一点儿不如意就哭闹，坏脾气随时都有可能爆发。

天天的妈妈为此经常和朋友感慨："我家天天的脾气跟牛一样，倔得不行，别看他平时表现不错，但牛脾气一上来，说破天都不管用，我和他爸爸真是怕了他了。"一天，一位朋友对天天的妈妈说："孩子不会无缘无故地发脾气，你不如留心观察一下，天天为什么会哭闹。"

朋友一句话点醒了妈妈，妈妈认真观察了一段时间，发现只要自己脸色阴沉下来，或者有不耐烦的表情，孩子就会犯毛病。对此，妈妈疑惑不解，后来她读了很多育儿书籍才知道，孩子也是需要归属感的，而妈妈的情绪变化让他感受到一种危机，因此他才会方寸大乱，乱发脾气。

找到原因后，妈妈心里踏实了很多。有一次，天天又发起脾气来，这次妈妈没有训斥他，也没有冷落他，而是蹲下身来，摸着天天的小脑袋，温和地说："妈妈知道你心里不高兴，你能跟妈妈说说为什么不高兴吗？"天天看到妈妈不同寻常的反应，脸上有些诧异，随后他慢吞吞地说道："我看见你刚刚很不高兴，以为你不喜欢我了。"

"傻孩子，妈妈最爱的就是你了，妈妈刚刚生气是因为别的事情，跟你没有关系。你要相信，不管到什么时候，妈妈最喜欢的就是天天了。"天天听了妈妈的话，情绪平复了很多。之后，在妈妈的教育下，天天发脾气的频率越来越少了。

坏脾气不仅会影响孩子的心理状态，还对孩子的人际关系有一定的破坏作用。作为孩子的妈妈，应该如何解决这个棘手的教育问题呢？其实案例中天天的妈妈就给大家做了一个很好的示范。妈妈要想纠正孩子的坏脾气，首先要搞清楚孩子发脾气的原因是什么，这样才能对症下药。具体做法可以参考以下几个建议：

（1）给孩子发脾气的权利

在引导孩子之前，父母应该明白一件事情：发脾气是孩子的本能，也是他们的权利，父母应当尊重孩子发脾气的权利。另外，假如孩子正为某事而哭闹，父母最好先保持理智，坐下来安静地陪着孩子。孩子有了一种被关爱的感觉，心里会舒服很多，与大人对抗的情绪也会得到有效的缓解。

（2）父母不能经常发脾气

父母要想孩子不乱发脾气，自己首先要以身作则，不给孩子树立一个坏榜样。如果父母动辄火冒三丈，向他人大吼大叫，孩子就会有模有样地学习。因此，控制自己的不良情绪，为孩子营造和谐的家庭氛围是父母纠正孩子坏脾气的关键所在。

（3）妈妈和爸爸要保持一致的教育步调

当孩子发脾气时，爸爸妈妈的教育态度一定要保持一致，不能一人卖力哄孩子，另一人却摔门而出。当然，看见孩子哭闹不止，爸爸妈妈更不能为此事心烦意乱，相互责备，互相埋怨，这样孩子会更加哭闹不止。成熟理智的父母，懂得在孩子发脾气时，和自己的伴侣良好沟通，协商出有效的教育策略。

（4）合理满足孩子的某种需求

通常来说，当一个孩子身体疲惫或者饥肠辘辘的时候，很容易发脾气。所以，父母在碰到孩子暴怒的时候，首先想一想，他是否有用餐或者休息的需求。如果到了饭点，孩子还有成堆的作业没有写完，那么父母不妨让孩子把作业放在一旁，先用餐。饱餐一顿后，孩子就不会因为饿肚子而心烦气躁了。

（5）采取一定的措施，转移孩子的注意力

当孩子在气头上的时候，父母除了表示必要的关心和理解，还可以引导孩子听听音乐、看看电视，或者做做运动，以此转移他的注意力。这样会让孩子身心放松，从而从消极的情绪当中解脱出来。

（6）及早发现孩子发脾气的苗头

孩子发脾气之前会有一定的征兆，比如皱眉头、嘟嘴等。作为父母，一定要及时发现这一点，然后鼓励孩子把心中的不快宣泄出来。另外，如果有必要的话，父母还可以给孩子提供一些有效的帮助。当困扰孩子的事情解决了，孩子的脾气自然就被消灭在萌芽状态了。

（7）让孩子有适当发泄的机会

当孩子发脾气的时候，父母采取冷处理的方式未必是最好的选择。其实孩子发脾气是因为他心里有气，这个时候建议父母认真聆听，让孩子的坏情绪有一个发泄的机会。当他把体内的负能量释放出来，心里就会舒服很多。

用温和的建议代替冰冷的批评

教育专家总是告诫父母,一定要用温和的方式教育孩子,少些批评,多些建议,以减少对孩子的伤害。究其原因,大概有以下几种:

(1)温和的建议更容易让孩子接受

"趋利避害"是人的本能,孩子在犯错的时候,最担心的就是父母的责备,甚至是打骂。所以,如果父母的教育方式不够温和,就会让孩子产生逃避的想法,不仅不能从心里接受父母的教育,还会产生逃避错误、规避惩罚的想法。只有父母用温和的方式教育孩子,适当地给孩子提出合理的建议,孩子才能更容易接受,教育才能真正地取得效果。

(2)温和的建议有助于缓解孩子的逆反心理

孩子是不愿意接近经常责骂孩子的父母的,甚至是想要远离的,更严重者,会产生反抗和逆反心理。温和的建议可以让孩子与父母之间的关系更亲近,缓解对立状态和孩子的逆反心理。

总之,温和地提出建议是拉近亲子关系的好方法之一。它能够让父母与子女建立比较和谐的关系,让孩子更愿意听从父母的建议，从而在成长的道路上有更多的收获，犯了错误也能够改正并不断吸取教训，积累更多的人生经验。

当我们总是用强硬的态度对待孩子的时候，他们听到的总是"你不懂别插话""这样的错误下次还敢再犯吗"这样的话，孩子自然而然会产生抗拒心理，甚至会以同样强硬的态度反抗父母。

但是，如果父母换一种温和的方式，对孩子多用商量的语气和提建议的口吻，问题就会变得容易很多。比如，我们在指出孩子的错误之后，可以认真而温和地对孩子说"对这件事你是什么样的看法呢""爸爸妈妈想听听你的意见""你可以有自己的想法，我们尊重你"这样的话，让孩子感觉到，尽管自己做了错事，但还是被尊重的。

有一次，妈妈带着高强到一个朋友家做客，高强特别高兴，在妈妈的朋友家里表现得也十分乖巧，和朋友家的孩子玩得不亦乐乎。可是到下午的时候，高强就待不住了，非要拉着妈妈走。此时，妈妈正在和朋友喝下午茶，对高强的请求充耳不闻，高强就拼命拉拽妈妈的衣服。妈妈非常生气，对着高强就大喊了一声："走开，别在这儿胡闹！"听到妈妈的怒吼，高强居然就地躺了下来，在地板上滚来滚去，非要妈妈带他走不可。面对哭闹不止的高强，妈妈和朋友都十分尴尬，只好提前结束了这一次聚会。

这个小插曲的起因只是妈妈无心的一句话，由此也可以看出，父母的教育方式对孩子的行为影响是很大的。那么，如何温和地对待孩子，才能让孩子更好地听取父母的教育，使教育取得更好的效果呢？以下是给父母的几点建议：

（1）体谅孩子是一切的前提

"人非圣贤，孰能无过"，很多父母对孩子的要求过于苛刻，面对孩子的错误往往容易情绪失控。其实，我们应该体谅孩子，明白孩子犯错是一件很正常的事，在这样的心态下，才有可能采取正确的做法。

（2）给孩子提出切实可行的建议

父母不要直接要求孩子，或者逼迫孩子改正错误，而是要在了解孩子犯错原因的基础上，引导孩子分析问题，并针对孩子的情况，给孩子提出切实可行的建议。孩子在了解自己错误的基础上，又有可以作为参考的建议，自然会愿意接受，并试着按照父母的建议去修正错误，完善自我。

（3）给孩子选择的权利

很多时候，孩子不一定愿意接受父母的建议，这个时候父母一定不能粗暴地强迫孩子接受，而是要尊重他们的意愿，晓之以理，动之以情，给孩子时间去思考，让他们自己决定是否接受。

（4）教育的同时传递亲情

父母在给孩子建议的时候不能只是冷冰冰地提出来，而是要饱含着对孩子的期待，只有感受到父母的期待和关怀，动之以情，孩子才更愿意接受父母的建议。

总之，批评和建议都是教育孩子的方式，但是从孩子的角度来看，他们更愿意接受建议而不是批评。所以，父母也应该站在孩子的立场，为孩子着想，多一些温和的建议，少一些冰冷的批评。

 你的气话是会误导孩子的

一天晚上,明明的爸爸早早地下班,回家做好晚饭想和儿子一起吃饭,谁曾想等了两个多小时都没等到儿子的身影,不放心的他步履匆匆地赶到学校去找。

到了学校才知道,儿子原来被语文老师留在学校训话呢。明明的爸爸一进办公室的门,语文老师就不由分说地来了一句:"你们这些做父母的,怎么能鼓励孩子跟别人打架呢?这不是把孩子往错路上引吗?"爸爸被老师突然的质问弄得晕头转向,连忙问:"这到底是怎么回事?"语文老师顿了顿,然后把事情的前因后果说了一遍。

原来,明明的同桌在没经过明明同意的情况下,私自拿了他的足球,这让明明很不高兴,而同桌则认为两个人关系这么亲密,私自拿过来用一下也没什么关系。两人因为观念不同就争执起来,争着争着最后竟然动起了手。同桌先推了明明一把,明明火冒三丈,直接上去把同桌一脚踹在了地上,同桌在倒下的一瞬间,胳膊被桌子角划了一道口子,鲜血直流。语文老师说:"按理说呀,这个事情本来明明是占理的一方,同桌私自拿了他的足球,而且还先推了他

一把,是同桌有错在先。但不管怎么样,这个纠纷都应该由我们校方出面调停,明明不该还手呀!您看看他下手多重,那个同学被摔得青一块紫一块的,胳膊上还冒出了大量的血呢!"爸爸一看孩子闯了这么大的祸,连忙说道:"是是是,是明明的错,他太没轻没重了,把人家伤成这样,真的很抱歉。"老师又说:"这不是主要的。明明爸爸,您今天要是不来呀,我明天也得找您好好聊一聊。您知道吗?当我批评明明不该还手的时候,他竟然跟我说,上次他被同学打破头时,您告诉他'以后再有人打你,你就给我打回去'这样的话。您说说,您这不是教育孩子以暴制暴吗?"

明明的爸爸这才明白,连忙跟老师解释道:"嗐,我那是看见孩子被人打,一时说的气话,没想到被孩子当真了,真是不好意思啊!"

当孩子被他人欺负的时候,做爸爸的心里肯定不好受,但是不能因为一时的气愤就说出让孩子打回去的话。这样的说法很明显不慎重、不妥当,对辨识能力较弱的孩子而言,他们意识不到这句话的问题所在,反而借着爸爸的这剂"强心针"大胆地跟别人进行暴力对抗,结果弄得两败俱伤。

其实,作为父母,害怕自己的孩子被他人欺负,一气之下鼓励孩子还击的想法是可以理解的。但是孩子的理解能力和应变能力毕竟有限,他们领悟不到父母说的"你给我打回去"其实是一句气话,他们更加不知道,其实父母内心是真的不希望孩子跟人打架的。孩子接到父母"允许动手"的指令后便会信以为真,直接和对方动起手来。然而这样做不仅无法解决双方之间的矛盾，反而会让事态越来越糟糕。

另外，如果父母以这样的气话促使孩子养成以暴力解决问题的习惯，那么孩子以后的人际交往能力，以及性格势必会受到很大的影响，这一切并非父母想要看到的。

因此，综合以上种种，父母在面对孩子遇到不公平待遇的情况时，一定要保持冷静、慎重的态度，即便自己的孩子受了欺负，也要告诫自己不能让气话脱口而出，避免给孩子传输错误的观念。

知道怎样教育孩子的父母在遇到孩子的东西被他人私自拿走的情况时，通常会告诉孩子这样应对：严肃认真地告诫对方"我不喜欢别人在不经过我允许的情况下，乱动我的东西。如果以后你有需要，可以提前告知我一声"，这样说显然比暴力相向要好得多。它可以让那些习惯随便拿别人东西的人意识到自己存在的问题，从而有利于事情的解决，更重要的是，这种理智的解决方式不会影响孩子与同伴之间的友谊。当然，如果孩子面对的是爱动手打人的同伴，那么父母可以告诉他去求助老师、父母。

最后，父母还应该告诉孩子，做事不要过于斤斤计较。也许同伴私拿东西只是一个无心之举，并不是有意冒犯，孩子最好还是以宽容的心态对待他人。遇事多想想对方的优点，以及对自己的帮助，不要因为一点儿芝麻大的小事就和同伴闹别扭，甚至记恨对方。这样，孩子才能结交更多的朋友，建立更为和谐的人际关系。

实施赏识教育，让孩子快乐成长

美国著名心理学家威廉·杰姆斯有这样一句名言："人性最深层的需要是渴望别人的赞赏，这是人类之所以有别于动物的地方。"由此可见，赞赏对于一个人的重要性，懂得欣赏他人的人往往是宽容善良的人，对于大人是如此，对于孩子也是同样的道理。每个孩子都并非生来就是成功者或失败者，在很大程度上，孩子的潜能能否被激发，取决于他们的第一任教育者——父母，要看父母是否能发现他们的优点，欣赏他们的长处。

张老师是三年（2）班的班主任。她班上有一个残疾的女孩子，在班上总是很沉默，课下也很少和同学们交往，而且长相平平，成绩也不是特别好。正是这样一个毫无存在感的孩子，张老师上课的时候却非常关注她。有一次上课，张老师提问这个孩子，孩子站起来之后沉默了很久也没有说话。后来张老师鼓励孩子说："没关系，试一下，不尝试怎么知道自己说得对不对呢？我相信你一定有自己的看法。"教室里静悄悄的，所有的同学都歪着头看着这个孩子，在大多数同学的眼里，她似乎确实是一个透明的存在，大家此刻才意识到好像从来没有看到她在课堂上发言过。那孩子低着头，不停地揪着自己的衣角，迟迟不开口。张老师走到她面前，拍了拍她的肩膀，耐心地对她说："虽然你平常说话不多，但是老师已经观察过你，发现你是一个特别有思想的孩子。"那孩子听到这句话，眼里闪过一丝光芒，终于鼓起勇气，支支吾吾地说了几句，虽然那并不能算是理想的答案，但张老师还是非常认可地拍了拍她的肩膀，对她说："你答得很棒。你看，只要有勇气，你就会变得越来越好的。"

虽然只是一件很小的事，但是从这节课之后，那个残疾的女孩子似乎像变了一个人。下课的时候，她会主动跟其他的同学一起玩，还会在其他课上主动举手回答问题，作业也完成得非常好，成绩也慢慢有了进步。老师们都对她刮目相看。

我国著名教育家陶行知先生有一句名言："教育孩子的全部秘密在于相信孩子和解放孩子。"相信孩子，解放孩子，首先要赏识孩子。赏识的重要性不言而喻。当我们获得别人的赏识时，会不由得对对方产生好感，甚至会因此而一整天心情大好。这是因为，赏识能够给人自信，给人力量，对于孩子来说也是同样的道理。孩子的自信心来源于什么？有一部分来源于其自身的性格或者实力，但是很大程度上来源于周围人对他们的态度，尤其是关系最亲密的父母。好的父母，总是能给孩子带来春风化雨般的赏识教育，让孩子在温暖快乐的家庭环境中努力追求成功，永远保持积极向上的生活态度。这样的孩子在取得成功时，会愉悦，但不会骄傲；在遇到挫折时，也能重整旗鼓，在失败中吸取教训，越挫越勇。

很多父母总是抱怨自己家的孩子胆小懦弱，而羡慕"别人家的孩子"，但是他们从来没有思考过，"别人家的孩子"受到的是怎样的教育。一个自信乐观的孩子往往有着懂得赏识他们的父母。同样，一个胆小懦弱的孩子，身后站着的往往是刻薄严厉的父母。

那么，我们应该如何发挥赏识的重要作用，让孩子在赏识中增强自信心，不断挑战自己、超越自己呢？这是需要一定的教育方法的，只有用对了方法，才能取得事半功倍的效果。以下是教育专家给父母的几点建议：

（1）赏识应因人而异，切忌敷衍搪塞

在很多父母眼里，赏识就等于说好话，因此，他们总是不分情况而不假思索地对孩子说"你真棒""你真好"。偶尔一两次孩子可能会觉得珍贵，也会因此而获得自信，但是时间长了，敏感的孩子只会觉得父母的赏识是一种敷衍，并非发自内心。如果孩子没有得到理想的结果，甚至情绪有些沮丧，我们可以夸奖孩子"你已经尽力了，只是欠缺了一点儿运气而已，下次一定会好起来"。有些孩子不喜欢尝试新鲜事物，不敢冒险，我们可以夸奖孩子"你非常谨慎小心，做事前会做好万全的准备，是一个稳重踏实的孩子，非常可靠"。

（2）赏识的前提是明辨是非

真正的赏识并非一味夸赞孩子。很多父母会走入一个误区，他们认为，想让孩子有自信，就完全不能批评孩子，甚至在孩子犯错的时候，也会采取包庇的态度，这是相当危险的一种教育方式。真正的赏识应该是奖惩结合，在孩子做得好的时候，要对孩子进行表扬，当孩子犯错的时候，也必须进行一定的惩处。只有明辨是非的父母，才能教出明辨是非的孩子。当一个孩子有了是非对错的观念和评价标准，他们就更容易取得成功。

（3）对孩子的赏识不要带有功利性

很多父母对孩子的赏识并非发自内心，而是带有一定的功利性。他们把赏识当成一种手段，希望通过这样的手段，达到某种目的。比如，当孩子马上要考试的时候，父母往往就对孩子多一些赏识，拼命地夸奖孩子，背后的目的其实是让孩子认真学习，争取考个好成绩。但是，当孩子的考试结果不够理想的时候，很多父母就变得急功近利、焦躁不安，甚至对孩子采取辱骂指责的态度。孩子面对这样善变的父母，其实是很无所适从的。所以对孩子真正的赏识，应该渗透在日常生活的点点滴滴中，父母应该对孩子多一些宽容和耐心，这样的过程也有利于建立良好的亲子关系，让孩子与自己更亲近。

（4）用长远的目光看待孩子

每个孩子在同样的成长阶段表现出来的能力和潜力可能会有所差别，因此，即便我们用赏识的态度对待孩子，想要短期内让孩子有一个质的改变也并不容易。父母应该做好长期的心理准备，要有足够的耐心，相信孩子终究会发生好的改变，而不能要求孩子"一口吃成个胖子"。只有用长远的目光看待孩子的发展，才能培养出更优秀的孩子。

（5）雪中送炭的赏识最珍贵

仔细思考一下就会发现，父母的赏识更多的往往是锦上添花，而非雪中送炭。比如，一个成绩优秀的孩子和一个成绩比较差的孩子，受赏识更多的，一定是优秀的孩子。一个孩子取得成功的时候，一定要比他遭到失败的时候获得的赏识多。但是，无论是优秀者，还是一个孩子处于比较上进的阶段，这时候的赏识，往往对孩子起不到决定性的作用；反而是对于一些不够优秀的孩子，或者是孩子在遭遇挫折时，赏识就显得格外重要，而在那种处境下的孩子也更容易在赏识中获得前进的动力。

（6）形成共识，通力合作

赏识孩子一定不单单是父母的事，还是家中其他成员的事。因此我们在赏识孩子的时候，要把这种观念进行统一，让所有的家庭成员联合起来，这样才能起到事半功倍的效果。如果一个孩子总是受到爷爷奶奶的夸奖，但是在爸爸妈妈那里总是遭受冷遇，这样一来，孩子就容易无所适从，不知道自己到底做得好还是差，也不知道自己到底该听谁的。只有全家人形成赏识孩子的共识，通力合作，才能将赏识的作用发挥到最大。

我家的"家法棍"

我真的很棒

第二章
不吼不叫,接纳不完美的孩子

孩子犯错是再正常不过的事

许青是一个活泼好动的小女孩，性格非常开朗，有很多的兴趣爱好，她最喜欢的一项体育运动是打乒乓球。有一次，许青在屋里玩乒乓球时，手里的球拍不小心碰到了桌子上的花瓶，花瓶摔在地上碎了，地上全是玻璃碴儿。她小心地将玻璃碴儿清扫以后，主动向妈妈承认了错误，不料竟挨了妈妈一顿暴揍和一顿臭骂。

没过几天，许青又失手打碎了妈妈心爱的水杯。她想起上次被妈妈打骂的教训，在妈妈回来后，就向妈妈撒了谎："水杯是被邻居家的小孩打碎的。"

妈妈相信了许青的话，这件事就被这么糊弄过去了。

那件事情以后，许青学会了犯错后用谎话来推卸责任，孩子由诚实变为不诚实，这一切都是妈妈的教育不当造成的。

在现实生活中，有的父母对孩子的错误丝毫不能容忍。但实际上，孩子犯错是再正常不过的事。只有这样，孩子才能在不断犯错的过程中慢慢进步、慢慢成长。

所以，父母要允许孩子犯错。但是在对待孩子的错误或过失时，务必不要过于紧张和气恼，更不要在没有弄清是非曲直之前就对孩子横加指责或者施加体罚。尤其是孩子主动承认错误后，父母应给予鼓励，然后指出错误的危害性，让孩子在鼓励声中知错改错。

孩子犯错后，心里一定会产生愧疚感，这时正是父母对孩子进行正面教育的最佳时机，借机教育能够引起孩子情感上的重视，也更容易被孩子接受。当然，父母在教育孩子时要动之以情、晓之以理，重视情感的沟通，切不可讲大道理、空洞说教，这样会让孩子产生抵触心理。"感化——说服——感化"，才是更为高明的教育方法。比如，父母可以先对孩子进行表扬："你做得很好！""你是我们的骄傲！"这就是前段的感化，因为这些语言很容易被孩子接受；然后父母再指出孩子犯错的原因，让孩子不断改进，这才是教育的目的所在；最后父母再适时地鼓励孩子："如果你再认真点儿，肯定能做得更好！"这样的正面教育能够促使孩子主动反思失败的原因，降低重复犯错的概率。

上小学三年级的红红在和爸爸聊天时说过这样一件事：一次课外活动上，李老师说："趁着这次课外活动，同学们可以说说自己都犯过什么错误，比如有没有私自拿过别人的物品等。"红红很自豪地对爸爸说，她曾拿过班长的一支铅笔，因为觉得上面的图案漂亮极了，但她在那次课外活动上把这支笔还给了班长，老师还当场表扬了她。

爸爸心里很疑惑：孩子从来没缺过什么东西，怎么会去做这样的事？在课外活动上主动承认了错误，还以受到老师的表扬而感到自豪，这件事说明了什么？在和孩子的妈妈讨论后，两人达成了共识：孩子尚未明白私自拿他人的物品是一种坏习惯，是不应该做的；在课外活动上，主动承认错误，这个举动本身是正确的，但前提是自己做了不该做的事，不应该因为承认错误受到表扬而感到自豪。红红的父母并没有严厉地教训孩子，也没有表扬孩子，而是通过之后日常生活中发生的一些事，让孩子懂得了这些道理。

绝大多数教育专家都持有这样的观点：父母应当允许孩子犯错。那么对父母而言，应当怎样看待孩子的过失和错误呢？

美国宾夕法尼亚州的心理学家莱顿说："向孩子讲述你自己曾经犯过的错误，承认错误，向其解释犯错的原因，并告诉他们，你会通过何种方式避免下次再犯。"

心理学家塞奇斯对父母们说："从犯错的痛苦中走出来，不要总揪着孩子的把柄不放，应该对孩子拥有改正错误的信心和勇气表示赞赏。"

在允许孩子犯错的前提下，父母还要给予其改正错误的机会。父母要静下心来倾听孩子的内心，和孩子一起找出错误的根源。

倘若孩子是在尝试新事物的过程中出现了错误而导致失败，那么父母应该根据出错的具体原因帮助孩子找到克服的方法，并鼓励孩子重新来过，在不断尝试中培养并增强孩子的自信心。

比如，孩子想要帮妈妈擦桌子，却不小心打碎了桌子上的花瓶。遇到这种情况时，父母千万不能打骂、吼叫孩子，而应该告诉孩子怎样做才能在擦桌子的时候注意桌子上的花瓶，从而避免摔碎花瓶，接着鼓励孩子"这次做得很好"或者"不要气馁，再认真一点儿就好了。"

父母在鼓励孩子时,言辞要得当,态度要真诚,切不可对孩子抱有怀疑或者不认可的态度。有的父母说:"我尝试过给孩子鼓励,可孩子却把我对他的鼓励当作哄骗。"这其中的原因不难猜出,这样的父母可能平时总是批评、否定孩子,所以在鼓励孩子时也习惯性地带着否定的眼光,孩子自然觉得父母并不是真心鼓励自己,这样的鼓励也就无法发挥作用。

在日常家庭教育中,父母要用全面的、发展的眼光去看待孩子,时刻秉持着此种教育观念,就不会因孩子一时的失误或行为不当而火冒三丈了。

父母在面对孩子的错误时,不要一味地埋怨和奚落孩子,要反思自己犯错误时的情形,平心静气地对孩子说:"我也犯过类似的错误,让我来告诉你解决这个问题的方法。"然后让孩子从失败和错误的痛苦中走出来,从而帮助他们建立战胜困难的自信。

纠正孩子错误时要就事论事

当孩子犯错的时候，父母要扮演的重要角色就是错误的纠正者，只有给孩子及时指出并帮助孩子改正错误，孩子才能获得进步。但是，在给孩子纠错的过程中要关注错误本身，而不是全盘否定孩子，否则，孩子就可能因为犯下的一个小错误而对自己产生怀疑，甚至产生自卑心理。

父母在批评孩子的时候，要始终牢记：对孩子的批评是促进孩子成长的一种方式，而不是为了批评而批评。要明白，批评的前提是不伤害孩子的自尊心和自信心。

张瑶在做一件事情的时候，总是容易分心，尤其是写作业的时候，这种情况更为明显。很多时候，本该半个小时就能完成的作业，张瑶总是磨蹭到一个小时，而且作业还没写几个字，就会在作业本上乱涂乱画。妈妈对张瑶的这种不良习惯很是不满，经常在辅导张瑶写作业的时候怒不可遏地训斥她。一天晚上，张瑶在写作业，妈妈在旁边看着的时候，她就像模像样地写作业，妈妈稍微不注意，她就又走神了。妈妈实在忍无可忍，对着孩子咆哮道："真是烂泥扶不上墙！我看你这毛病一辈子也改不了了，懒得管你这样的孩子！"说完就气呼呼地走开了，留下张瑶无所适从。张瑶呆呆地看着被妈妈摔得巨响的门，掉下了无助的眼泪。

虽然张瑶不听话，但是当听到妈妈的否定时，她还是没有办法分辨出妈妈到底说的是气话还是真的认为自己很没用，那个小小的心灵就因为大人的一句话而受到了伤害。很多孩子的自卑心理都是在这种情况下产生的，试想一下，连最亲近的父母都否定自己，还有谁能肯定自己呢？

所以，父母批评孩子的时候，要就事论事，不要上升到对孩子的智力或者人格方面的贬低和侮辱。比如，孩子在写作业的过程中，如果出现了注意力不集中的情况，父母可以告诉孩子，做作业时注意力不集中的行为是错的，而且他们要为这个错误付出一定的代价，比如熬夜做作业、受到老师的批评、作业质量差等。

晴晴从小学习就很好，爸爸对她的管束也十分严格，爸爸始终认为，正是因为自己的高标准、严要求，晴晴才能有这样的好成绩。但是，晴晴自从上了初中以后，学习态度就不像之前那么好了，她总是跟着班上的几个"坏小子"泡网吧、打架，有时候还会逃课。爸爸跟晴晴沟通后，情况却没有什么改善。恨铁不成钢的爸爸对晴晴脱口而出："你一个女孩子，整天跟着一帮'坏小子'瞎混，你这个样子，永远都别想有什么出息！"晴晴并非不知道自己做错了事，但是她很难控制自己，难以抵制生活中的种种诱惑。她被网络游戏吸引了，自从迷恋上网络游戏，她的成绩直线下滑。她也很想逃脱这种状态，但是对她来说太难了。而且，爸爸说她永远都不会有出息，既然爸爸已经给自己的未来下了结论，那么还有什么好争取的呢？晴晴变本加厉，成绩更是一落千丈。

孩子的未来是由他们自己决定的，父母应该做的是引导孩子认真地对待自己的学习和生活，对孩子的错误给予纠正，而不是一味否定孩子，因为否定孩子不仅不能让孩子改变现状，反而可能让孩子陷入消极的状态当中，出现更严重的问题。那么，在批评孩子的时候应该注意什么呢？

（1）首先要让孩子冷静下来

如果孩子当时比较冲动，甚至是表现出了暴躁情绪，那这个时候就不是合适的时机。

（2）父母要有足够的耐心倾听孩子的心声

即便孩子犯了错，也要给孩子解释的机会。在孩子倾诉的过程中，父母要耐心地倾听，不要急于发表意见，更不要急着反驳。孩子倾诉完之后，父母要柔和地向孩子表达自己的看法。这个时候应该做到条理清晰，让孩子确切地知道自己错在哪里。

（3）再次询问孩子的意见和看法

如果孩子对于父母的批评并不接受，那么父母可以再次给他讲道理，慢慢地引导孩子认识到错误。如果孩子愿意承认自己的错误，并且有勇气改正，那么父母一定要给予鼓励和赞美。

（4）父母要参与到孩子改正错误的过程当中

在孩子改正错误的过程中，父母要随时监督孩子，并且对孩子进行提醒。如果孩子有进步，父母一定要鼓励和赞美孩子，或者根据情况给予一定的奖励。如果孩子重复犯了之前犯过的错误，甚至是故意为之，父母也不要心软，一定要让孩子知道，承诺过的事情一定要做到，知错就改才是正确的态度。

当然，在整个教育过程当中，最重要的是父母不要急着批评孩子，而且与孩子的沟通一定要提前准备，要做到有理有据，以理服人，这样才能收到良好的教育效果。

理性看待出现过失的孩子

很多孩子都会因为性格冒失或者对自己的能力高估而做错事，孩子出发点是好的，只是难免有过失。很多父母面对孩子的过失都会反应过激，不仅会斥责孩子，甚至还会因为一点儿小事对孩子使用暴力。其实，当孩子出现过失的时候，他们的内心也是紧张和害怕的，如果这时候父母的反应过激，只会加重孩子的恐惧心理。

那么，父母应该如何正确地对待孩子的过失呢？其实，孩子有过失的时候，正是父母教育孩子的良机。父母应该抓住机会，一方面要以包容的心态对待孩子的过失，让孩子明白，这样的过失并不会让父母减少对他们的关爱；另一方面，父母也要帮助孩子分析产生过失的原因，教给孩子正确的做事方法，让孩子在这个过程中汲取经验教训，促进孩子心智上的成熟。

很多情况下，尽管孩子出现了过失，想做的事情没有做好，甚至给父母造成了一定的麻烦或者伤害，但孩子本身可能是出于好意。这个时候，就更不能对孩子的过失紧抓不放，而是要赞美孩子的初心，告诉孩子，父母已经明白了他们的出发点是好的，不用因为出现了过失而有心理负担，然后再教育孩子，帮助孩子总结经验教训。

如果孩子是因为不小心而做错事,比如打翻了盘子、弄坏了家里的门窗,或者给父母造成了其他损失,父母也要告诉孩子,自己知道孩子不是故意的,但是以后要吸取教训,争取不再出现这样的问题。

如果孩子总是生活在父母的包容和理解中,那么他们即使有了过失也不会害怕在父母面前承认,更不会战战兢兢地隐藏自己的过失。他们的成长过程是轻松快乐的,对父母也是信任依赖的,这样的孩子当然也会是幸福的。

小东是一个性格开朗的人,朋友们都说他最大的优点就是不怕困难、不怕出错。小东说,他从小就觉得犯错误不是什么了不起的事,因为爸爸妈妈从小就告诉他,犯了错并不重要,重要的是面对错误的态度。

小东讲了一件他小时候的事。小东从小就很喜欢和妈妈一起做家务,觉得自己能从中得到快乐。有一天早上,妈妈正在收拾客厅,小东便主动帮妈妈擦桌子上的水杯,但是刚洗了手的小东手非常滑,刚拿起水杯,水杯就从手里落到了地上,一地都是碎玻璃,一片狼藉。小东有一点儿害怕,站在桌子旁边一动不动,不敢说话。这个时候妈妈走了过来,他在小东的旁边蹲下来,轻轻地抚摸着他的头对他说:"宝贝,谢谢你帮妈妈做家务,你是一个勤劳的好孩子,妈妈觉得你特别棒。把水杯打翻了,这并不是你有意为之,只是一个小失误而已,妈妈不会责怪你的。但是你看,你刚洗完手,手上有很多的水，再拿玻璃杯是不是很危险？那下次我们可以尝试把手擦干净，在双手干燥的情况下，用两只手去拿水杯，这样就不容易滑落了，对不对？"小东看着妈妈慈祥的脸，对妈妈笑了一下。妈妈继续说："但是现在我们的地板上一片狼藉，是不是要打扫一下呢？你自己来选一个工具吧！拖把、抹布，或者你自己觉得用什么比较好，听你的，我们一起来收拾，好吗？"小东懂事地拿过了拖把，和妈妈一起在地上打扫起来，妈妈还时不时地嘱咐道："地上都是碎玻璃碴儿，又小又细，千万不能用手去碰，打扫的时候也要小心一点，不要弄到鞋里或衣服上，以免受伤。"在小东和妈妈的努力下，很快，地板就变得光亮如新了。

孩子做错了事情，内心自然会害怕和担忧，此时他们很希望父母能协助自己解决眼前的麻烦，或者至少给一点儿指导和建议。父母如果能在这时候让孩子意识到自己的问题所在，并且帮助孩子总结经验教训，孩子就可能对这件事记忆得更加深刻，也就能从过失中学习到更多的知识，为将来的人生打下更好的基础。

作为父母，我们应该有这样的意识：孩子犯错是正常的，无意的冒失更是可以被原谅的。父母面对孩子的过失时，要保持心平气和的态度，切忌对孩子大喊大叫甚至是拳脚相加。因为那样不仅不能让孩子意识到问题所在，还可能对孩子的心理产生负面影响，让孩子形成自卑、怯懦的心理，或者对父母产生厌恶、疏离的想法。

很多父母在面对孩子的过失时，往往很难做到包容，即便想要耐心地解决问题，也总是控制不住自己的情绪。以下是几点建议，可供参考：

(1) 以平常心对待孩子的过失

我们都知道"己所不欲，勿施于人"的道理，当我们犯错的时候，也会有愧疚感、紧张感，不希望别人对自己过于苛责。所以我们也要理解，孩子有了过失的时候，跟我们的内心是相似的，也不希望父母用严苛的态度对待他们，给他们更多的压力。

如果父母能真正认识到这一点，就能做到以平常心对待孩子的过失，把这种事当成生活中再正常不过的小事，帮助孩子一起解决问题，并从中吸取经验教训。

(2) 分析孩子的过失类型，区别处理

孩子的有些过失并不是故意的，往往是因为他们不小心，或者是无意中犯下的，这种类型的过失属于偶然性过失。如果孩子的过失是偶然性过失，毫无疑问，父母要包容孩子，原谅孩子，引导他们正确地看待生活和学习中的过失，培养孩子面对过失的勇气和解决问题的能力。

还有一些过失并非偶然，而是孩子刻意为之，这些孩子的做法往往是为了引起别人的注意，或者叫"刷存在感"，这种过失属于主观性过失。父母一定要严肃地跟孩子说清楚这种过失的危害性，让孩子意识到这种心理的问题所在，并督促和帮助孩子走出这种心理，改正主观性过失。

(3) 给孩子机会解释

很多父母面对孩子的过失的时候，往往会气急败坏，采用不合适的手段教育孩子,甚至有些父母会用打骂的方式让孩子记住教训。但是他们从来没有认真地反思过,自己的教育方式是否正确,而且也不愿意花时间探究孩子行为背后的原因。当孩子犯的是偶然性过失的时候,他们往往会因为父母偏激的对待方式而受到打击,不愿意再与父母多沟通,甚至在生活、学习中产生懈怠心理。所以,父母应该给孩子解释的机会,多了解孩子过失背后的原因,从而帮助孩子更好地改正错误。

(4)引导孩子进行自我反思

大多数孩子犯了错以后,内心都会产生愧疚感、紧张感,他们都会反思自己。所以,父母完全没有必要对孩子的过失太过紧张,只要耐心地引导孩子,让他们反思自己的行为,从中有所收获就可以了。

总之,孩子的过失不可避免,父母要准确地把握这一教育良机,让孩子在过失中获得人生的宝贵经验,为孩子的未来保驾护航。

谨慎化解孩子的浮躁情绪

李挺是一名优秀的小学生,但是妈妈却很为这个孩子的未来担忧。原因就是李挺不像其他孩子那样,有一个明确的人生目标。虽然妈妈也知道,儿时的理想多数是无法实现的,但也总比没有强。李挺的人生目标是浮动的:英语考了高分,就想当个外交家,立即请求妈妈送他去英语补习班,但没学几天就改变了目标,将英语教材扔到了一边;体育课上老师夸他篮球打得不错,就开始想当个篮球运动员,开始疯狂收集NBA球星的资料,但很快就因音乐老师的一句夸奖转而开始搜著名的音乐家了……

像李挺这样的情况是浮躁情绪在作怪。浮躁情绪和急性子不可以画等号,这种情绪通常使人行动盲目,做事不爱思考或不提前计划,做事的过程中也心神不定、缺乏主见、见异思迁、急于求成,这些都是成功的大忌。本来能够成功的事,也会由于过于浮躁而失败。可见浮躁情绪对孩子的成长有百害而无一利,会让孩子在掌握知识的过程中缺乏长久的奋斗目标,从而缺乏足够的耐心和抗挫能力。

孩子为什么会出现浮躁情绪?原因很多,专家认为主要有以下三个方面的原因:

（1）先天因素

浮躁情绪受遗传基因的影响，有一定的先天因素。有的人天生具有不灵活、不平衡的神经系统，导致浮躁情绪的产生，而且能够遗传给后代。至于先天因素所占的比例，目前并没有准确的数据，所以心理学家更重视后天因素的影响。

（2）社会因素

当今社会，经济迅速发展，竞争日益激烈，贫富分化严重，整个社会弥漫着急功近利的气氛，很多"快餐文化"成为主流，导致身处其中的人产生或多或少的浮躁情绪，孩子也不例外。一些父母唯恐孩子在社会大潮中被抛弃，一心给孩子灌输知识，从不关心孩子的意志品质，使得部分孩子意志薄弱、怕苦怕累，做起事情来也是急躁冒进，缺乏恒心。

（3）父母的不良示范

父母如果性情浮躁，孩子和他们朝夕相处，很难不受到影响。父母面对着社会的种种竞争和压力，很难保持心平气和，难免出现急功近利的情况，而孩子也会进行模仿，容易变得浮躁。

前面说过，浮躁情绪对孩子有百害而无一利，是不利于孩子成长的，所以父母必须帮助孩子改变这种心理。

父母想要帮助孩子改变浮躁心理，心理学的研究表明，以下这几种方法是颇有成效的：

（1）让孩子立长志，不要随意改变自己的志向

俄国著名作家列夫·托尔斯泰有一句名言："理想是指路的明

灯。没有理想，就没有坚定的方向；没有方向，就没有生活。"远大的理想在孩子的成长中有着巨大的导向作用，能让孩子产生学习和进步的强大动力。而浮躁的孩子虽然也有自己远大的理想，但却只是"常立志"，做不到"立长志"，随意改变自己的志向，志向的导向作用就会被削弱甚至消失。所以，在孩子立下一个远大的志向后，绝对不能随意拐弯或者掉头，这样才能明确目标，产生对学习和生活的责任感，防止浮躁情绪的滋生和蔓延。

　　孩子在树立志向时，父母不要觉得孩子在闹着玩，必须谨慎对待。由于孩子心智尚不成熟，父母要起到引导作用，告诉孩子立志时要注意扬长避短，不能"跟风"，看到其他孩子要当科学家，自己就跟着立下相同的志向，却没有考虑自身的条件，从而被现实无情打击。父母要告诉孩子立志必须专一，关键不在于"多"，而在于"恒"。

（2）注重在日常生活中的引导

　　浮躁情绪不是一朝一夕就能扭转的，父母必须时刻关注孩子的情况，一旦发现孩子有浮躁的迹象，就立刻采取措施纠正。只要父母能够持之以恒地针对孩子的一些日常行为进行引导，就可以慢慢扭转孩子的浮躁习性。如：孩子做决定时，鼓励他先思考、后行动；孩子遇到挫折时，鼓励他做到有始有终、脚踏实地；孩子由于看不到成功而急躁时，告诉他积少成多、聚沙成塔，巨大的成功都是靠点滴的积累聚成的。

（3）对孩子不要太纵容

　　很多父母舍不得让孩子吃一丁点儿苦，孩子想要什么都会第一时间帮助他实现。这样会让孩子误以为无论自己想要什么,父母都会立刻送到眼前,根本不用付出什么努力。这样一来,他们遇到一点儿挫折就会改变目标,无法为了一个目标而付出长期的努力。可见,父母的纵容会助长孩子的浮躁心理。

(4)利用心理暗示的方法来调控

可以让孩子做事时在心中默念"不要急,急躁会把事情办砸的"之类的话,对自己进行心理暗示。这也是一种心理控制的方式,对改变浮躁情绪有所助益。

(5)用榜样的力量影响孩子

作为父母,必须学会调适自己的心理,远离浮躁情绪。如果自己确实有些浮躁,就要考虑到对孩子的影响,想方设法克服,让孩子看到自己勤奋努力、脚踏实地的良好形象,有助于孩子改善自己的浮躁情绪。此外,父母还可以用革命前辈、科学家、发明家、文艺作品中的优秀人物的事迹来鼓励孩子培养不浮躁、有恒心的品质。

消除孩子的虚荣心，理解比训斥更有用

在心理学上，虚荣心是一种被扭曲的自尊心，也是一种追求虚假外表的性格缺陷。例如，有的孩子在学校不努力学习，考试时却喜欢作弊，用虚假的成绩糊弄父母，掩饰自己的懒惰和不思进取；有的孩子稍微取得一点儿进步就到处宣扬，别人不夸他，他还不高兴；还有的孩子喜欢强词夺理，明明自己犯了错误却不肯承认，唯恐别人指出他的缺点……这些事例都是虚荣心作怪的表现。

虚荣对孩子来说没有多少好处，反而会给孩子戴上一副沉重的枷锁，让他的人生之路变得更加艰辛。有些孩子爱慕虚荣，将大量的时间浪费在穿衣打扮上，甚至将本该拿来买书的钱买了化妆品；有些孩子为了体现自己的大方，宁愿平时节衣缩食，也要请同学吃豪华大餐，甚至做起了"梁上君子"的错事。追逐虚荣的人自以为荣光满面，实际上总有一天会露出马脚。就像巴甫洛夫在《给青年们的一封信》中说："不管肥皂泡让你们觉得多么绚丽多彩，它早晚会在空中破裂。当它破裂之后，你们除了惭愧不会有任何收获。"换句话说，虚荣始终是假的，会对人的现实生活产生不利的影响。

王女士是一位全职妈妈，所以一般由她来接送二年级的女儿

林青上下学。这一天,由于家里有点事情,眼看接女儿放学的时间晚了半个小时,王女士身上的脏衣服都没来得及换,就匆忙地赶到学校了。学校里的老师非常负责任,老师见王女士没有来,就专门让一位老师陪着女儿,王女士赶紧向老师道歉,并感谢老师陪着女儿,然后就想去拉女儿的手。没想到,女儿却躲开了,回家的路上,女儿也刻意跟她保持一定的距离。快到家了,女儿终于说:"妈妈,你的衣服好脏啊,你再这样来接我,我就不跟你一起回家了。"

没想到自己的脏衣服遭到了女儿的嫌弃。女儿小小的年纪就这么爱慕虚荣,让王女士心里五味杂陈。

有些孩子攀比心理比较强,总想穿名牌衣服、戴名牌手表,否则就认为自己低人一等。事实上,外在奢华富贵的人未必能给人以美的感受。如果一个人绫罗绸缎加身,言谈举止粗俗无礼,恐怕也不会有多少人喜欢他。但如果他不是为了和别人攀比,而是真心喜欢某件衣服的款式、布料,穿在自己身上非常得体,即便贵一些也不会让人反感。学生在校期间,应该选择适合学习和运动的服装,衣着打扮必须符合学校的规定,这样才能和文明校园相匹配。

孩子追求名牌、喜欢和人攀比是人之常情,父母首先要理解孩子,而不是一味地训斥。

孩子的攀比心从何而来?坦率地说,父母、学校乃至整个社会都脱不了干系。

(1)父母的纵容

有的父母为了不让别人看轻自己的家庭,就凭借着"别人家孩子要有的东西,我们家孩子也要有"的心理,给孩子买一些超出家里收入条件的东西。这样一来,孩子自然有样学样,也变得虚荣起来,并且会跟别的孩子进行攀比,如果比不上,就会怨恨自己的父母"没本事"。

（2）"别人家孩子"的影响

还有的父母"恨铁不成钢",孩子有什么做得不好的地方,就会搬出"别人家孩子"来教育自己的孩子,这也是一种攀比。这样,爱攀比、爱嫉妒的毒瘤就在孩子心中种下了。

（3）整个社会的风气

此外,学校乃至整个社会都弥漫着一股攀比的风气。学校里成绩好的孩子受表扬,不好的就被批评,并根据成绩好坏划分等级。社会上,有钱人或者长得漂亮的人容易受到推崇。这些都会对孩子产生较大的影响,使他们虚荣和攀比的心理达到顶点。当然,学校和社会的问题都不是父母凭一己之力可以解决的,但是父母可以尽自己的努力减轻其影响。

适当的比较可以激发一个人努力奋斗、改变现状的斗志,而过度的攀比则会增加人的身心压力。总的来说,攀比的坏处远远大于好处。父母一定要引导孩子朝良性的方向发展,切勿打肿脸充胖子,不顾一切地满足孩子的攀比心理。在孩子年幼时,父母应该教导他正确认识内在美和外在美的关系,不要盲目地和他人攀比,这样可以有效地减少虚荣心的产生。

耐心纠正孩子的"插话"行为

爱插话是许多孩子的通病，他们插话大多是想吸引别人的注意力或是表现自己。但是，爱插话并不是一个好的习惯，它会让孩子显得很没礼貌，而且也会让孩子的注意力越来越涣散。因此，如果孩子爱插话，父母就应当及时纠正，千万不能误以为爱插话代表着孩子机灵、聪明，因而以肯定、欣赏的态度应对。

林奇是一个心直口快的孩子，他上课时总是喜欢"接下茬"，课下与别的同学说话时也经常插话。而且，林奇完全不觉得自己的这些行为有什么问题，反而觉得正是自己的话给了对方引导，对方才能打开思路。

起初，同学们不好意思批评他，也没有太介意他的这种行为，可是时间久了，同学们就越来越忍受不了了，有的同学甚至慢慢疏远了他。林奇感到很奇怪，他失落地想："同学们为什么都不愿意和我说话了呢？"

林奇想要表达自己的想法，这点没有任何问题，但他用错了方法。他不能耐心倾听，总是随意插话，打断对方的思路，这种行为让别人觉得他对人没有基本的尊重。时间长了，别人自然会对他产生反感。

在处理孩子插话的问题时，一位妈妈是这样做的：林女士是一家公司的职员。有一次，同事到她家里玩，她们正聊得高兴时，5岁的雅晴跑过来说："妈妈，我的画册掉到床底下了。"此时，林女士并没有立即帮雅晴拿出画册，而是告诉她："妈妈正在与客人谈话。谈话结束之后，我就会帮你。"同事走后，林女士告诉雅晴，随意插话是一种十分不礼貌的行为，好孩子是不会随意插话的。如果遇到紧急情况不得不马上说的，插话之前一定要先说一句"不好意思，打断一下"。

想要纠正孩子爱插话的坏习惯，可以参考下面几种方法：

（1）以身作则

有些父母是急性子，尤其是在跟孩子交谈时，往往很难听完孩子的话，而是经常说："好了，我知道了，你不用说了。"这种行为会让孩子误以为插话并不是不好的事情，而是非常正常的事。所以，父母应当以身作则，尤其是在听孩子说话时，一定要有耐心，减少插话的频率。

（2）让孩子学会倾听

亚伯拉罕·林肯曾说："首先学会做一个良好的倾听者，之后你才能变成生活中的主角。"倾听是一件十分重要的事，父母应当让孩子知道，倾听是一种有教养、有风度的表现，而无视他人的存在，随意插话则是一种无礼的行为。要让孩子懂得尊重他人，知道在与他人交流时，应当先安静地听对方的话语，等到听明白对方的想法

后，再表达自己的看法。这样既表现了对他人的尊重，又能了解对方的想法，形成良好的交流氛围。

（3）及时表扬

鼓励与表扬是教育孩子的有效手段。孩子插话的目的大多是想吸引别人的注意力，如果父母让孩子知道，不插话也能获得足够的关注，还能得到鼓励和表扬，慢慢地，孩子自然就不会随意插话了。

谁说不可以犯错

插话的艺术

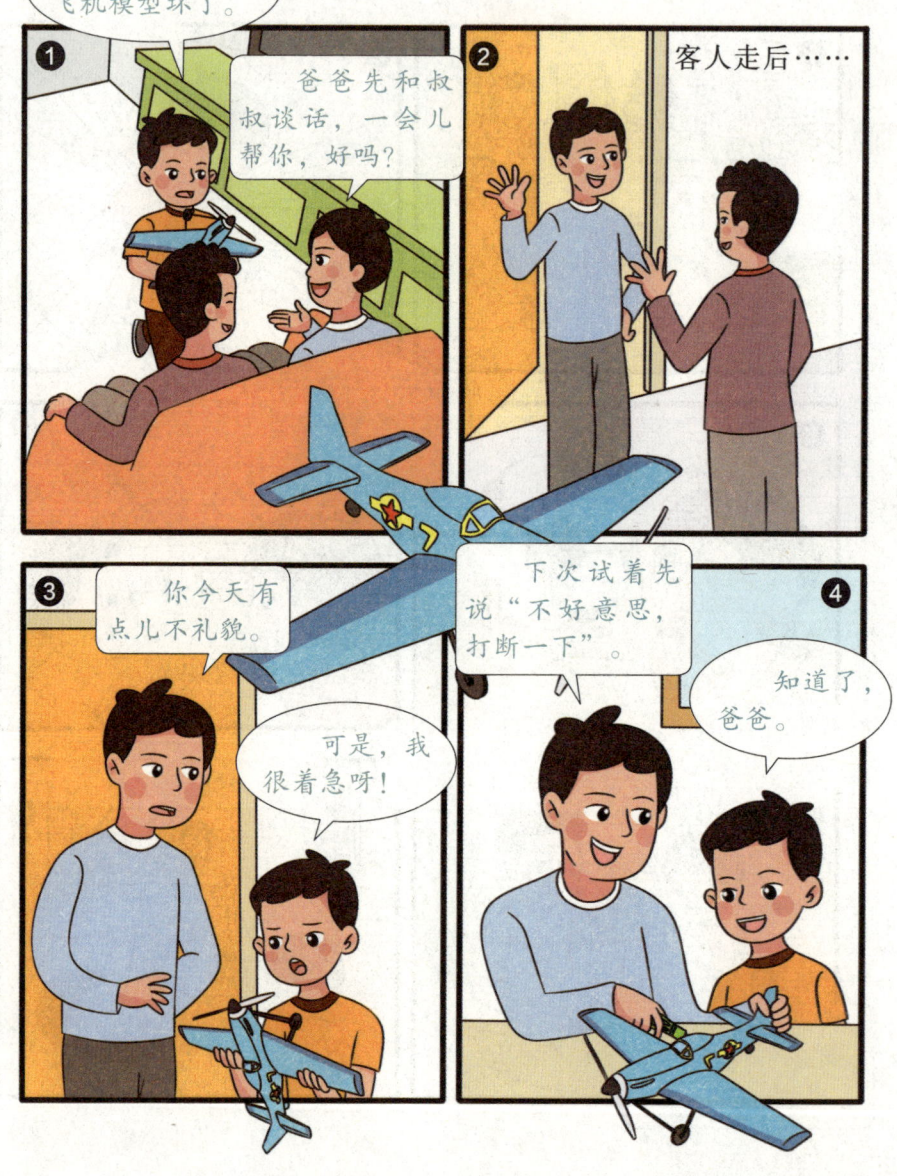

第三章

不吼不叫,心平气和地与孩子沟通

"平视"孩子，才能了解孩子的内心

有一个猎人将一只猴子捕回了家，并将其关在了一个空屋子里。与外界隔离之后，猴子感到无比的孤独、焦虑和烦闷。猎人看到猴子如此痛苦，就在夜里把它带到森林里重回猴子的队伍。一看到自己的同胞，这只猴子就迅速融入了猴群，并开始愿意配合人类。

在这点上，我们的孩子和这只猴子是相同的。猴子需要自己的同类，孩子也需要能跟他们平等交流的父母、朋友或者老师，不然孩子就和那只被孤立的猴子一样，被负面情绪所填满。

只有父母平等地与孩子交流，才能真正了解孩子想要什么，从而帮助他们克服障碍，快乐成长，这才是真正的爱孩子。要想心平气和地与孩子沟通，可以从以下几点入手：

（1）赞美是沟通的关键

父母与孩子沟通时，要做到一边认真倾听一边思考，并且要善于在谈话中捕捉孩子的闪光点。比如，孩子向你展示他会画画的特长时，父母要抓住时机予以夸奖："我看过你画的画，你画得真好！"孩子初次关心妈妈的健康时，就应该表扬："你可真孝顺，妈妈得到你的关心真的好幸福！"即使父母对孩子的表现不满意，也不要一味说教、责备,以免伤害孩子的自尊心。如此一来,不仅能让孩子乐意和你沟通,还能提高沟通的质量。

(2)要童心未泯

父母要拥有一颗童心,用孩子的眼光看待问题,才能充分理解孩子,和孩子成为真正的朋友。当父母与孩子交流时,要放低姿态,用孩子可以理解的语言进行。你可以和孩子一起做运动、一起玩游戏,让孩子把你当成他的朋友和玩伴,两代人之间的沟通障碍便可迎刃而解。为了让亲子间更好地沟通,父母既要"童心未泯",又要"足智多谋"。前者做不到,父母和孩子就无法平等交流,话不投机半句多;后者做不到,就不能正确地教育和引导孩子。

(3)慎用批评

批评是最直接、最常见的一种教育手段,但如果使用不当,就会对父母与孩子之间的沟通造成巨大影响,甚至扼杀孩子的灵性。心理学研究表明,孩子犯错后,第一反应是担心父母会责备自己,所以父母最好从询问事情的缘由开始,切不可过早地下定论或轻易评判孩子,否则很容易让孩子把心灵的窗户关闭,以致拒绝沟通。如果用"孩子,先让我们分析一下事情发生的原因好吗"之类的语言开始交谈,从孩子这里了解完事情的来龙去脉后,再引导他谈谈自己的想法,然后和他一起分析问题所在,那么孩子不但会主动承认错误,而且会对你更亲近。

(4)要有耐心

父母要想和孩子成为知心朋友,就必须有足够的耐心。有的父母因为过于急躁而口不择言,把话说得太重,殊不知,这会对孩子造成很大的伤害,想与孩子交心更是难上加难。父母与孩子之间的差异体现在年龄、心理和思想感情等多方面,互相理解不是一朝一夕就能做到的。通常情况下,孩子的气质类型有容易型、困难型和迟缓型三种。顾名思义,容易型的孩子较易沟通,而困难型和迟缓型的孩子,由于情绪相对消极,难以接纳父母和老师。对待这样的孩子,切不可一味埋怨、责怪甚至惩罚,更需要父母耐下心来,否则很容易让孩子产生自我否定、畏惧、逃避等不良心理,甚至对父母产生敌意,这会极大地破坏亲子关系。

(5)要讲究一个"信"字

诚信是沟通心灵的桥梁,亲子间的沟通理应讲一个"信"字。言而有信说起来容易,做起来却不易。儿童心理医生林达曾经举过一个例子:一个7岁的小男孩总是不愿和妈妈沟通,妈妈只好带他去咨询心理专家,结果发现,原因是妈妈将儿子悄悄告诉她的"秘密"无意中向家里的其他人说起,致使这个小男孩经常被哥哥姐姐拿这件事取笑,从此他不再信任妈妈,自然也不愿和妈妈说心里话了。可见,对孩子而言,父母的诚信是多么重要。

父母不仅是孩子的人生导师,更是孩子的终身榜样。通常情况下,孩子的优点、缺点都来自父母和周围环境的熏陶。所以父母必须以身作则,发挥榜样的作用,对待孩子的优点要欣赏,对待孩子的缺点要包容。只有父母充分信任孩子,并取得孩子的高度信任,才能与孩子更好地沟通。

孩子不愿意交流,父母须检讨自身

在保证锁完好无损的前提下,只有吻合那把锁的钥匙才能将其开启。孩子的成长离不开沟通。他们非常希望父母能够倾听自己的欢乐、苦恼、看法和意见。对孩子而言,得到父母的倾听和关注,是莫大的安慰。没有一个孩子不存在这种心理需求,然而这种心理需求往往得不到父母的理解。父母对于孩子的倾诉,不是态度冷淡,就是挖苦嘲笑,过后又反过来抱怨孩子不愿意和自己沟通,其实这都是因为自己平时对孩子的忽略造成的。如何让孩子愿意主动和父母交流呢?

(1)以朋友的身份与孩子平等交流

孩子不愿意和父母交心,其主要责任在父母。大多数父母恪守以家庭为中心的教育模式,讲究长幼尊卑,于是忽略了以朋友的身份平等地和孩子交流。久而久之,孩子也会对父母产生排斥心理,逐渐关上心灵的大门。

孩子不愿意说话,是由多方面原因造成的。例如:对话题不感兴趣、对谈话的内容不了解,以及精神或身体状态不好等。另外,有的孩子生性爱与人交流,不管是跟熟人还是跟陌生人,都特别聊得来；可是有的孩子却天生内敛腼腆、不爱讲话，往往需要变着法儿地引逗好长时间，才能让其"金口"一开。

所以，和孩子交谈，不仅要找对时机，还要找个合适的话题，这样才能让孩子积极配合。此外，交谈的技巧也尤为重要，尤其是对那些天生内敛、害羞、不爱讲话的孩子，更需要耐心及巧妙地引导，给予他们更多说话的机会，培养他们表达的勇气以及表达的能力。只有孩子愿意与人交谈，才能更好地与父母以及他人相处，并与之建立亲密友善的关系，这对其日后的人际交往和社会生活意义重大。

上二年级的圆圆是一个天生内向的小女孩。有一天放学回到家，妈妈问："圆圆，你今天在学校表现得怎么样呢？"父母最关心的就是孩子在学校的表现。

圆圆回答："表现得很好。"

妈妈又问："今天你在课上学习了哪些知识呢？"

圆圆思考了一下，低下头说："我也不知道。"

"今天有没有学画画呢？"妈妈把提问的范围缩小，因为问题越具体，越容易让孩子回答。

"没有。"圆圆说。

"那有没有学唱歌呢？"

"有，音乐老师教了我们一首儿歌。"

"能不能唱给妈妈听呢？"妈妈鼓励她说。

"我不会。"可能是她还没有学会，也可能是勇气欠缺。

"没关系！妈妈想知道这首儿歌的名字是什么。"

"……"圆圆摇摇头。

"是不是'小兔子乖乖，把门开开……'？"妈妈看了二年级的音乐课程，知道这周会教这首儿歌，便试着唱给圆圆听。圆圆也跟着唱了起来，而且唱得非常好。

"嗯，圆圆唱得比妈妈还好听呀！而且，你还加上了手势。"对于圆圆的表现，妈妈积极地表扬。

妈妈的赞许十分奏效，圆圆主动说："妈妈，我再唱一遍给你听。"

妈妈一边听，一边满意地笑着，她知道自己用对了方法。

性格内向的孩子不仅见到人不喜欢打招呼，而且在面对父母和老师的提问时，就算知道答案也不敢举手回答。他们有实力，但成绩并不突出，做任何事情都畏首畏尾的，令父母焦急万分。这时，有些父母为了尽快扭转孩子的个性，就开始训斥或唠叨："你怎么这么不爱说话！""你做事情麻利点儿！""上课要积极回答老师的问题！"然而像这样的催促，并不能让孩子变活泼。因为内向、消极的孩子的内心往往敏感而脆弱，父母的责骂越多，他们就会越畏缩、消极，特别是父母用命令式的口吻强迫孩子，更会带来不良后果。

想要让孩子的性格变得活泼开朗，父母首先要帮助孩子消除不必要的心理压力，鼓励他们与性格相似的小朋友玩儿。因为性格相近的孩子更容易建立起友谊，互相吐露心扉，进而让孩子对自己产生信心，使其从消极逐渐转变为积极。

也许你会有这样的疑问,为什么不把孩子放到外向的孩子当中呢?有的父母以为内向的孩子和外向的孩子接触多了也会变得活跃起来,可实际上,那样做反而会把事情变得更糟。因为勉强内向的孩子与活泼的孩子共处,只会让他们的心理压力剧增,进而产生防卫心,并不断滋生自卑感,对于改善性格有百害而无一利。

(2)引导孩子进行表达

当父母带孩子外出游玩或到亲戚家做客回来后,可以试着让孩子讲讲游玩或做客的经过,并简单地给予提示,引导其对发生的一些重要的事进行回忆,使他们的讲述具体且生动。当孩子语无伦次时,父母可以针对性地提出问题,让孩子所经历的事情在脑海中情景再现,从而使孩子主动完善其叙述。在此过程中,父母不仅要让孩子将事情的经过讲述清楚,还应引导孩子说出当时的内心感受。这不仅能使孩子讲述的内容充实动人,还可以让父母对孩子有更多的了解,同时有助于孩子进行系统的语言学习。

畅畅是一个不好好吃饭的孩子,妈妈很关心她在学校的用餐情况,每当畅畅回到家,妈妈便对畅畅说:"畅畅,今天喝的什么粥?"

畅畅思考了一下说:"不知道。"

妈妈进一步问:"今天的粥是甜的还是咸的呢?"

"是甜的。"

"那是什么颜色的呢?"

"黄色和白色。"

"粥里白色的东西是一粒粒且软软的吗?"

"是的。"

"那到底是什么呢?"妈妈还是猜不出来。

"是粥呀!"

"这种甜甜的、有一粒粒且软软的白色东西的粥叫什么名字呢?是不是燕麦小米粥?"

"不是。"畅畅说。

"这种粥你在家里有没有吃过呢?"

"吃过。啊,我知道了,是大米南瓜粥啦!"在妈妈的引导下,畅畅终于想起了粥的名字。

在这个问话的过程中,妈妈通过给予孩子思考的机会及思考的路线,使孩子从中认识到一种事物的特征。

问话的内容需要根据孩子的年龄而定,向年龄小的孩子问话时,要以简单的问题为主。比如,孩子正处于幼儿园阶段,父母就可以问他:"今天在幼儿园学了哪首儿歌?""今天玩了什么游戏?是和谁一起玩的?"如果孩子在小学阶段,父母可以试着让他描述一件他印象最深刻的事情或者喜爱的卡通人物。

为了提高孩子的表达能力,父母还要让孩子多用自己的眼睛看、耳朵听、鼻子嗅、嘴巴尝等。而这些离不开一个健康优美的环境,所以父母要尽力把家里的环境布置得最有利于孩子的成长。

孩子的思维具备形象和认知直观的特点,据此,父母可以引导孩子见到某种物体或某个人时,说出相应的名称。例如,父母第一次带孩子去植物园看到了牡丹花，便可以教他"牡丹花"这个词；第二次看到牡丹花的图片时，就要问问他这是什么；当他将名称准确地说出来后，让他仔细观察牡丹花的叶子，问问他这是牡丹花的哪个部位，再教他"叶子"这个词。

如果孩子年幼且有较好的接受能力，可以学会父母的示范，那么，就及时予以表扬。孩子的成长，就是在这样一点一滴的积累中完成的。当然，如果孩子的年龄稍大一些，就应该鼓励他独立发言，以此培养他的创造力。

父母要把孩子的话放在心上

绝大多数父母都是真心爱孩子的，可真正认为孩子有独立人格，尊重孩子所思所想的父母并不多。据相关调查显示，孩子出现心理问题，很大程度上是因为和父母缺乏沟通。孩子虽小，但他们也有人格尊严，认知世界时有自己独特的视角。他们渴望表达内心的感受，渴望发表自己的见解。父母应耐心地让孩子把话说完，做孩子忠实的听众，不要觉得孩子小题大做，更不能认为孩子说的算不上什么问题。

暑假期间，赵女士自己开车带着孩子去了游乐园。在去游乐园的路上，小刚兴奋不已，对路边的花草树木、各种类型的店铺、种类不同的车辆，充满了好奇，指指点点，问个不停。可过了不到一个小时，小刚就渐渐不说话了，还突然嚷嚷着要下车。赵女士直接告诉小刚不可以下车。过了一会儿，小刚又嚷嚷着让妈妈停车，赵女士不耐烦起来，说道："你好好坐着不行吗？停车干什么？"

"我……"

没等小刚说完，赵女士就劈头盖脸地批评起来："这是在路上，路上全都是来往的路人和车辆，你以为是在家里吗？你想干什么就干什么！真不听话！"

小刚见妈妈生气了，就不再说话，默默地坐了回去。没等多大会儿，小刚突然"哇"的一声，吐了出来。赵女士急忙把车停到紧急停车道上，回头看小刚，只见他眉头紧锁、脸色苍白，原来小刚晕车了。

赵女士十分自责，怪自己没有听小刚把话说完，还训斥了他。

孩子一哭闹，父母就觉得孩子不听话、无理取闹。其实很多时候孩子哭闹都是有原因的，大人却总是不给孩子诉说的机会。孩子诉说的方式有很多，比如没有安全感的时候会大声哭闹，需要人陪的时候会不停地索要玩具等。

如果父母不懂得倾听孩子的诉说，总是粗暴地打断孩子，孩子会十分沮丧和心寒。我们时常能看见孩子刚要说些什么，父母就在一旁打断了，然后开始说自己想说的事情。

有的父母经常打断孩子的话，可能是觉得孩子的话不重要，打断了也没什么。有一次，我在路上听到一对母女的对话。孩子兴奋地对妈妈说："妈妈，我刚才在同学家看到了一个超级漂亮的芭比娃娃，它长得就像仙女一样。你知道芭比娃娃是怎样制作的吗？其实它是……"妈妈认为孩子想让她给买那个芭比娃娃，就赶紧打断女儿说："打住，你的芭比娃娃不少了，妈妈没有钱再给你买了。"结果，小女孩整个人都蔫了，什么话也不说了。其实孩子提起芭比娃娃，未必就是想买，为什么不能听她把话说完呢？即便她真的想要买，也不妨等她说完再决定要不要买。

还有的父母对孩子遇到的问题总是不重视。比如，孩子在学校里与同学关系不融洽，有的父母会觉得都是一帮什么也不懂的小孩子，不会有什么问题。殊不知，学校也是一个小社会，孩子之间的交往可能没有父母想的那么简单，孩子也不是只要吃饱穿暖就什么烦恼也没有。如果孩子在学校里过得不开心，父母又不重视，时间久了，孩子就会变得很压抑，甚至会出现心理问题。所以，在孩子跟自己倾诉的时候，父母应该多听孩子说一说自己在学校里的事情，并对孩子的事情多上点心，不要等到孩子什么都不肯和自己说时，再去抱怨孩子。

会好好说话的父母才是聪明的父母

生活中,我们常常能听到类似这样的抱怨:"我的孩子太难管了,我说什么他都不听,喊得嗓子都快冒烟儿了,他还是纹丝不动。"这是大部分父母内心真实的感受。其实,当我们以这样的心态"控诉"孩子的不是时,已经滑入了错误的轨道。明智的父母一般都懂得换一种思维方式,反思自己的不足。

明明的外婆想回乡下老家看望多年不见的朋友,明明想去车站送一送她。这本来是一件无可争议的事情,但妈妈却担心明明在寒冷的天气下出门会冻感冒了,所以坚持不许他去。对于妈妈的反对,明明抗议了很多回,但得到的答案只有两个字——不行。不过,最终明明还是倔强地上了公交车,妈妈当着车上众人的面也不好发威,只能狠狠地瞪了明明一眼。到了火车站,下了公交,妈妈愤怒地朝明明喊道:"你给我等着,看我回去怎么收拾你!"明明听后一溜烟儿跑了。在人头攒动的火车站里,一个小孩子东跑西窜是一件非常危险的事情,全家人的心都提到嗓子眼儿了。爸爸赶紧跑过去抓住他,外婆走过去把他抱在怀里,忍不住嗔怪道:"你干吗要跑啊?吓死我们了。"脸上挂着泪珠的明明胆怯地说道:"我怕妈妈回家打我……"

当我们读到这里，是否应该有所反思？对待自己心里最疼爱的孩子，为什么不能多一点儿耐心，多一点儿温柔，好好和他们说话呢？遇事一味地指责、命令、恐吓，怎么会把话说到孩子的心里去呢？

有人说："这世上没有不听话的孩子，只有不会说话的父母。"这句话乍一听似乎对父母有点苛刻，但是仔细品味，不无道理。不过可惜的是，很多父母并不理解其中的含义。

在和孩子相处的过程中，沟通真的是一门艺术，如何好好说话考验着每一位父母。有些父母不懂得沟通之道，最后直接把说话升级为火药味十足的训斥，有的甚至觉得训斥还不足以威慑孩子，直接上手，用武力的方式解决。可以说，生活中的很多父母都是用这种高压的方式令自己的孩子屈服。有的时候为了让孩子更好地屈从自己，他们甚至连一个友好的眼神都不肯给孩子，于是生活中"一说话三瞪眼"的父母屡见不鲜。

总而言之，训斥、瞪眼、开打似乎成了很多父母管教孩子的标配。当然，所谓与孩子交流，其实也是父母"眼口手"协调配合。这样的教子方式何其愚笨，何其悲哀！在此过程中，父母只是一味地强求孩子服从，一味地把自己的想法和观点灌输给孩子，而孩子心里到底怎么想的、内心感受如何、心理承受能力怎样，他们全然不顾，这样孩子怎么会心甘情愿地按照父母的意愿做事情呢？所以与其说孩子顽固不化，听不进父母的想法，还不如说大人主观意识太强，完全不顾及孩子的心理和感受。

所以聪明的父母一般都会抱着和谐交流的目的和孩子好好说话。话说得好，说到孩子的心里，父母和孩子之间就能轻松愉快地把事情解决掉，而且彼此之间的关系也不受一点儿伤。而不理智的父母则经常意气用事，永远用一副急赤白脸的样子和孩子对话，这样即便你说得有道理，孩子也听不到心里去。

古语说得好："晓之以理，动之以情。"父母想要孩子把自己的话听到心里去，首先就得以理服人，以情动人。其次，说话的态度也很重要，不管在任何时候，父母都要控制好自己的情绪，平和地与孩子对话。最后，孩子的自尊心也需要受到尊重，所以有些话不能不分场合。

不要因"忙碌"把孩子拒之千里

相信很多父母都对孩子这样说过:"我忙着呢,一会儿再说!"父母也许并不认为这样说有何不妥,可是孩子未必这样想。在孩子眼里,父母这样的态度就是不重视他的表现。长此以往,孩子就会产生一种"无论做什么事都没有意义"的错觉,因为他误以为父母的事情永远比自己的事情重要。

有的父母说:"反正是个孩子,拒绝一下也没什么关系,他玩一会儿就忘了!"可是孩子真的那么好打发吗?这样简单的一句话,确实可以让孩子闭嘴,但也会让孩子和父母变得生疏。

上学期,学校新增了一门书法课,老师教大家写各种字体,如楷书、行书、隶书等。聪明、好学的小静学得非常快,仅仅几天的时间就能把楷书写得非常好了,老师每每看到小静的楷书都会忍不住夸赞几句。

一天晚上,小静在一张纸上写了满满的字,兴致勃勃地拿给妈妈看。妈妈正在卫生间里洗衣服,背对着小静说:"没看到我在忙吗?没空看你写的字,让爸爸看去!"

听了妈妈的话,小静感到一阵失落,她慢慢地退出卫生间。看到在桌子上工作的爸爸,她兴奋地跑过去,拉着爸爸的胳膊说:

"爸爸，你看看我写的字工整吗？"

小静心里想，爸爸一定会称赞自己写得好。没想到他看也没看，眼睛盯着电脑说："嗯，写得不错……"小静认为爸爸根本没有认真看，就用手按了一下电脑键盘，说："爸爸都没有看我写的字，怎么知道我写得好不好呢？"

"爸爸正在工作呢，你这孩子真不懂事！"爸爸生气地说。

小静沮丧地跑回了自己的房间。她将手里写满字的纸揉成一团，用力丢到垃圾桶，流下了难过的眼泪……

在日常生活中，像小静这样的例子数不胜数。很多父母忙着工作，没有太多时间和孩子相处，有时因为加班回家比较晚，当孩子向他们寻求帮助或分享欢乐时，他们不是敷衍，就是不搭理孩子。"我忙着呢，等会儿再说！"简单的一句话，将孩子的交流诉求无情地拒绝了。如果孩子被拒绝的次数多了，就会觉得父母一直在轻视自己，甚至还会产生叛逆情绪，故意和父母对着干。

那些将"忙"作为借口的父母，其实存在一个问题：不善于倾听孩子的心声。倾听孩子说话是父母的必修课，可以让孩子健康快乐地成长。假如父母对孩子的话不屑一顾，孩子就会像缺乏阳光和雨露的果树，无法结出饱满的果实。试想一下，这样的孩子怎么可能拥有美好的未来，成就非凡的事业？

那么，父母应该怎么做才能倾听孩子的心声呢？

（1）选择适当的环境

父母应该抽一些时间，找一个相对安静的地点，跟孩子聊一聊心里话。在孩子饶有兴趣地说话时，父母应该把其他事放一放，用眼睛注视着孩子，尽量不要打断，让孩子感受到父母对自己的重视和尊重。

金金的爸爸是某公司的经理，每天事务繁忙，经常很晚才下班。一天晚上，他到家时已经11点了，简单地洗漱一番，迈着疲惫的步伐准备睡觉。忽然，金金从房间里走了出来，小声地说："爸爸……我给您看个好东西。"

爸爸已经疲惫不堪，但是看着孩子渴求的目光，还是微笑着点了点头。金金轻轻走到书柜旁，从里面拿出一张包装精美的贺卡，然后吞吞吐吐地说："今天……今天是父亲节，老师说要向爸爸问好。爸爸，您辛苦了！"

爸爸的眼睛湿润了，他蹲下来将金金抱在怀中，说："谢谢宝贝儿子，爸爸爱你！"此后，无论他工作多忙、多累，下班回家后的第一件事就是和儿子聊天，倾听孩子讲述当天发生的事情。正因为这样，金金和他的关系无比亲密，他们一家人生活得幸福美满。

每一位父母都应该学习金金爸爸的行为，哪怕每天只和孩子聊几分钟，都能促进亲子关系的良性发展。

（2）向孩子说明缘由

有时候，父母因为手里的事忙得焦头烂额，实在没有工夫听孩子诉说。这时，父母不要冷冰冰地跟孩子说："我很忙，没空听你说！"而应该心平气和地告诉孩子："我非常想和你聊一聊，但是手里的工作非常紧急，等我完成这件事，一定好好地听你讲。"父母也可以这样说:"我现在有些忙,我们约在晚饭之后再聊可以吗?"父母应该让孩子理解:父母非常重视和尊重孩子,并不是不想和孩子讲话,而是正在做的事情比较赶时间。只要耐心地向孩子说明缘由,相信孩子即使因为被拒绝而感到一些失落,也是可以理解父母的难处的。

我们是朋友

走心的爸妈

第四章

不吼不叫，照样可以培养出优等生

让孩子认为学习也像游戏一样有趣

生活中经常能听到家长们长吁短叹，抱怨孩子沉迷游戏而无心学习。为什么孩子会喜欢玩游戏，而不喜欢学习呢？究其原因，就是趣味性。游戏有趣，所以孩子喜欢，而学习往往枯燥乏味，所以孩子不喜欢。

在古代，人们发明了一种十分折磨人的刑罚——把很多石头搬到一个地方，然后再搬回。比起一些针对身体的残酷刑罚，这种刑罚看似简单，但却比身体惩罚更残酷。因为让一个人几十年如一日地重复这种单调的、没有丝毫乐趣的劳动，人们的心理会难以承受，会痛苦到发疯、自残，甚至自杀。

由此可见，无论做任何事情，趣味性都是重要的因素。感受不到乐趣，或被逼迫去做某件事情，人们就会感到痛苦。比如学习这件事情，很多父母看到孩子不愿意学习，所以逼迫着孩子学，孩子痛苦，父母也痛苦，而被逼迫着学的效果往往并不理想。其实，父母更应该看到孩子不愿意学的内在原因，想一想为什么孩子会把学习当作一件苦差事而自己又该怎样去调动孩子学习的积极性。

孩子厌学的原因多种多样，不同年龄段、不同性格的孩子厌学的原因也各有不同，但相同的一点就是学习是一件相对来说较为枯燥的事。所以，父母只要想办法将学习变成一件有趣的事情，孩子的学习积极性就能被充分调动起来。

如何将学习变成一件有趣的事情呢？最有效的方法就是将学习与游戏结合起来，让学习变成孩子感兴趣的游戏。在这一点上，有的老师就做得很好，他们能将知识融进游戏，让孩子在玩中学习、记忆。比如有的数学老师想教孩子算术题，于是他准备了很多水果卡片，还准备了小篮子，通过向篮子中放水果的游戏，让孩子学习了简单的算数知识。

将学习游戏化，就是改变孩子认为学习枯燥的认知，在学习内容不变的前提下，让学习形式变得活泼、有趣，以此来吸引孩子的注意力。

怎样具体地去将学习游戏化呢？以下方法父母们可以参考：

（1）巧用猜谜游戏，增强孩子的认知

猜谜这个游戏操作起来并不难，只要利用好，孩子就能在趣味中有所收获。在学习中，如果孩子不喜欢预习功课，父母就可以和孩子玩猜谜游戏，让孩子猜一猜第二天老师上课会讲什么，如果孩子猜对了，父母可以稍微给予奖励，鼓励孩子养成预习的好习惯。同样，猜谜游戏也可以运用到复习、考试中去，让孩子既得到游戏的乐趣，又能养成主动学习的习惯。

（2）利用卡片帮助孩子记忆和背诵

小孩子对于汉字的学习往往很抵触，不愿意长时间坐下来认真地写，更不会认真地记忆和背诵。针对这个问题，父母可以通过有趣的卡片游戏来引导孩子学习。将一个个生字变换成一张张色彩各异的卡片，让孩子通过游戏去找字，这样就很容易促进孩子对汉字的学习。

（3）通过找错游戏，激发孩子对习题集的兴趣

一些报纸、杂志上经常会设置一些找错游戏，这些找错游戏，不仅家长喜欢，孩子同样也喜欢。更令人吃惊的是，一些很难发现的错误或是成人不易找到的错误，有些孩子几乎用不了多久就能找到。这种找错游戏能充分调动孩子的好奇心，让孩子乐于主动去思考。

父母可以利用找错游戏来激发孩子对习题集的兴趣。孩子不愿意做习题集，父母可以将习题集中的某几道题变一变，如将某个位置的加号变乘号，减号变除号，在答案不变的情况下，让孩子找出题中的错处。习题变得有趣了，孩子也自然更愿意去做。

（4）利用拼图游戏，让孩子记住本国地图和世界地图

有些孩子对地理学习兴趣全无，也根本不关心本国的地形地貌和世界各国的分布情况等。针对这种情况，父母可以购买一些相关的地图拼图，让孩子在拼凑的过程中，认识祖国的各个省份、各个地区，认识世界各国的地理位置、世界各大洋的分布。在游戏中，孩子会很乐意去记忆这些地理知识，而且通过拼图，记忆也会更加深刻。

（5）选择有趣的文具，增加学习的乐趣

想把学习游戏化，就要考虑游戏的特征，比如玩具的色彩性、奇特性。学习文具就好比游戏中的玩具，文具太古板、太无趣，

自然也引不起孩子学习的兴趣。尤其在给低年级孩子选择文具时，父母要注意文具的卡通性。比如，可以挑选绘有孩子喜欢的动画片形象的文具盒，可以挑选动物或水果形状的橡皮，可以买一些可以折叠、发声的图画书，等等。让多姿多彩的文具为学习增加趣味，让孩子喜欢写、喜欢画、喜欢读。

（6）做自己的对手，挑战自己的纪录

如果孩子一味地盯着学习好的同学，只看得到别人的高分，而不注重自己的努力，那么孩子就会越来越消沉，成绩也会越来越差。父母要引导孩子做自己的对手，去挑战自己，超越自己。具体来看，如果孩子昨天做一本试卷的时间是1个小时，那么父母就可以让他尝试今天缩短时间，让他试着挑战自己的时间纪录。如果孩子上一次考试考了80分，父母就可以让孩子将80分的自己看作竞争对手。诚然，这也是促进学习的一种有效的方法。

（7）通过猜拳等游戏，增加学习的乐趣

猜拳游戏由来已久，这种游戏不需要任何道具，简单易行，适合父母和孩子进行。如何将猜拳游戏应用到学习中呢？其实，很早以前就有"猜拳小九九"的游戏。

玩这个游戏时，父母可以用手比画出两个手势数字，并告诉孩子相应代表的数字，让孩子尝试学习自己比画，并快速说出两数相乘的结果。猜拳游戏对帮助孩子学习"九九乘法表"十分有用，父母可以在闲暇时间陪孩子反复进行，这样孩子就能在游戏的愉快氛围中学会"小九九"。

父母要看清分数的两面性

我们经常在很多学校门口看到这样的景象：一群接孩子的家长聚在一起聊天，有的家长说起自己的孩子只考了班级30名，紧皱着的眉头让其他家长纷纷表示同情，他们也露出一副恨铁不成钢的样子，说着"这时候成绩差，可会影响到将来的""听说某某辅导机构还不错，赶紧带孩子去看看吧""有些孩子就不是学习的料"之类的话。还有的家长说孩子考了高分，其他家长则纷纷露出无比羡慕的表情，一边"啧啧啧"一边说着自己的孩子不听话，好像如果可以，恨不得跟别人换孩子。

不仅家长关注分数，老师和同学也是如此。校园里，同学们聚在一起除了谈天说地就是谈成绩，论分数。那些学习好、分数高的孩子似乎就成了同学们眼中的"神人"，那些考得好的同学也常常表现出高人一等的姿态。而反观那些分数垫底的孩子，却要常常受到同学们的嘲笑以及挖苦，很多时候都扮演着不被喜欢的"坏学生"的角色。

但是，我们真的能以分数定胜负吗？很多家长不知道，我们对于分数的执着已经无形中伤害了很多孩子。曾经听过这样一个令人心痛的故事：

丽丽是一名五年级的学生，最近总是厌食，闷闷不乐的，父母也曾带她看了医生，但是没什么改善。眼看着丽丽脸上的笑容越来越少，丽丽的父母选择带孩子去看心理医生。

经过一段时间的心理沟通以后，丽丽终于在心理医生面前说出了困扰自己的心结。

原来，丽丽是一个成绩优异且性格特别开朗的孩子，笑起来的时候特别可爱。丽丽的改变发生在一次考试之后，虽然丽丽的成绩依然排在年级前几名，但是她的数学考了95分，爸爸妈妈对这个成绩并不满意，因为丢的5分都是由于马虎大意造成的，这是丽丽不能犯的错误。爸爸妈妈对丽丽的要求很高，总是说考不上好初中，以后就考不上好高中，那么就考不上好大学，这样就会影响到她的人生。光学习好是不行的，必须要拔尖才可以。所以，这5分在爸爸妈妈眼里是与年级第一名的差距。在爸爸妈妈批评过后，丽丽也深感羞愧，为自己丢了这5分内疚不已，越想越伤心，甚至那几天连饭都没有正经吃过。虽然看到女儿这样，爸爸妈妈也很心疼，但是他们却想着正好让孩子长长教训，以后就不会再犯类似的错误，所以并没有放在心上。

但是，让人想不到的是，丽丽居然给自己下了一个死命令，如果下次考试考不到年级前三名，就绝食三天来惩戒自己。下一次考试的结果果然不尽如人意，丽丽再一次受到了打击。就在身心交瘁的时候，爸爸妈妈又是一顿批评，丽丽似乎瞬间就泄了气，在后面的学习中就再也不上心了，上课经常走神，在家做作业也心不在焉，吃饭总是马马虎虎，眼看着瘦了下去。爸爸妈妈一直到几个月以后才意识到问题的严重性，来寻求心理医生的帮助。

我们很难想象，一个活泼开朗又成绩优异的孩子，在被分数一步步逼着走向绝境的时候，是什么样的体验。她对爸爸妈妈又有什么样的想法。

我们不能否认，分数在孩子的学习中起着重要的作用，但是分数只是检验孩子对知识掌握程度的一种方式，它的目的应该是帮助孩子发现自己学习上的问题，对于没掌握好的知识进行复习巩固。可是，分数原本应该只是督促孩子学习的一种手段，却变成了折磨孩子的一种方式。他们战战兢兢地面对考试，等待成绩，似乎得到的那个分数就能决定他们的命运。考好了，皆大欢喜；考不好，四面楚歌。

老师、家长对分数的看重，导致了孩子对分数的看重，所以孩子出现了类似丽丽的问题，父母首先要承担起责任。父母本身首先要消除对分数的执念，多关注孩子的学习，而不是分数，从各个方面关心孩子，而不只是成绩。做到这一点之后，父母再帮助孩子调节心理，化解他们对分数的执着，具体可以这么做：

（1）告诉孩子分数不是衡量其好坏的标准

很多孩子把分数当作衡量自己的标准，考好了，就觉得自己是争气的好孩子；考砸了，就觉得自己一无是处。其实这种想法本身就是错的。父母在教育孩子的时候，一定要告诉孩子：分数只能起到检验他们学习效果的作用，他们的品质好坏、道德高低与分数毫无关系；成绩不好不一定就不能成为优秀的人。

（2）转变孩子的思想，不要认为只有考得好，人生才能完美

每个孩子都有自己与生俱来的天赋，并非所有人都能通过读好书、考上好大学最后成功成才，人生可以有很多不同的选择。父母要告诉孩子，只要照着自己喜欢的方向去努力，认真钻研，无论将来从事什么行业，都能发光发热，实现自己的人生价值，对国家和社会做出贡献。"条条大路通罗马"，各不相同的人生才更精彩。

（3）父母不要对孩子报以过高的期待

很多父母不明白，为什么都是听老师讲课，有些孩子能学好，有些孩子就是不开窍。其实这一点完全不难理解。人的智力、性格等各有不同，接受同样的知识时，吸收的程度和运用的能力也有不同程度的差别。父母要正视孩子之间的这种差别。尤其是孩子考试的时候，不要给孩子太大的压力，也不要对孩子抱有过高的期待。尊重现实，降低期望值，是父母带动孩子走出对分数执着的重要一步。

总之，我们不能排斥分数，它能帮助孩子检验自己的学习效果，但是一定不能迷信分数，当父母或者孩子对分数过于迷信的时候，其实就是在给孩子变相地施加压力。正确地对待分数，用平常心去对待，父母和孩子都会变得更快乐。

父母要关注孩子的学习疲劳期

学习,不能是单方面的知识灌输,要寓教于乐,让孩子体验到学习的乐趣。只有当孩子真正喜欢学习,并能从中获得知识和启迪,懂得学习的意义时,学习才有其价值。父母要明确这一点,在孩子学习疲惫时,不要去勉强孩子学习,而是分析原因,对症下药,让孩子重新找回学习的热情。

王栋是一名初三的学生,从上学开始,他的学习成绩就非常好,从来不用父母操心。

但是最近一个月,妈妈突然发现儿子的学习状态不如以前了。之前,王栋吃过晚饭后,就会回房间看书、做题,有时一看就是几个小时。但现在儿子不仅食欲下降,而且精神也不佳,简单吃过晚饭后就坐在沙发上看电视。妈妈看见几次后,就督促儿子回屋学习,但就算回了房间,儿子也无心学习,桌上放着的数学卷子,他根本做不下去,经常看着题目发呆。

王栋的班主任也向王栋的妈妈反映说,王栋上课无精打采,心不在焉。妈妈就儿子的问题,与儿子谈了谈。王栋说他觉得累,不想碰书,也不想做题。妈妈很忧虑,想着儿子马上就要升高中了,学习任务本来就很重，他这种状态怎么行？

后来，王栋的妈妈就儿子的问题请教了心理医生，医生说王栋的情况属于学习疲劳的表现，需要进行调节。在心理医生的建议下，妈妈对王栋的学习和生活做了调整，让王栋渐渐摆脱了学习疲劳期。

学习疲劳是指因长时间从事学习活动而导致的身心倦怠，如学习兴趣减弱、学习效率下降、身体感到不适等。

研究发现，长时间紧张学习后，大多数孩子都会出现学习疲劳的现象。

学习疲劳分为学习生理疲劳和学习心理疲劳两类。学习生理疲劳与大脑皮层（调节或控制躯体运动的最高级中枢）的内抑制有关。大脑皮层的活动有兴奋和抑制两种，一般情况下兴奋和抑制既同时存在，又相互抑制、相互转换。长时间持续学习会导致大脑皮层的细胞产生强烈兴奋，消耗大量能量，造成兴奋性降低而转入抑制状态，由此就会出现学习疲劳症状。学习生理疲劳的表现有：视力下降、食欲减退、面色苍白、血压升高、失眠等。

学习心理疲劳没有生理疲劳来得迅速，它与心理动机与情绪因素等有关。如果孩子的学习动机十分强烈，学习态度十分积极，那么他就能长时间且持续地保持学习状态，不会出现疲劳现象。如果学习动机不强，兴趣不大，那么学习时间稍微过长就会感到疲劳。

因为孩子的身体状况和心理状况不尽相同，所以学习疲劳的出现也因人而异。作为父母，当发现自己的孩子可能或已经出现学习疲劳症状后，就应该予以重视，及时了解孩子的生理和心理特点，有针对性地调整孩子的学习疲劳症状。

父母可以从以下几方面来帮孩子调节学习疲劳：

（1）注意让孩子劳逸结合

父母要注意调整好孩子学习和休息的时间，不能让孩子一直玩或者一直学。当孩子学习了一两个小时，父母应该让孩子休息一下，离开学习的环境，暂时忘掉书本和习题，放松心情。

（2）不要给孩子施加太大压力

"望子成龙，望女成凤"是父母的普遍心理，但不能因此就给孩子施加难以承受的压力。给孩子制定学习目标时，父母一定要正确评估孩子的成绩，不要制定孩子完成不了的目标。对待孩子的考试成绩，要做纵向比较，即拿现在的成绩和之前比，而不是与其他学习好的孩子比。

（3）少批评，多鼓励

在学习上，父母要采取少批评、多鼓励的态度。只要孩子有了一点儿进步，就应该予以表扬。当孩子没考好时，不要一味指责，更不要骂孩子笨，那样会使孩子丧失学习的信心。应适当地鼓励孩子，让孩子摆脱考试失败的阴影，再接再厉。

当父母常常鼓励孩子、表扬孩子时，孩子就会体会到快乐的情绪，会愿意学习、喜欢学习，由此就能减轻或消除心理上的疲劳症状。

学习成绩固然重要，但是与孩子的身心健康相比，又显得微不足道。作为家长，要知道学习是一个日积月累、循序渐进的过程，切不可抱着"闪电战"的想法把孩子逼入学习疲惫的低谷。如果你的孩子正深受学习疲惫的折磨，那么就拿出教孩子学说话、学走路的耐心，帮助他们及早调整吧。

让孩子拥有独立学习的能力

在学习上,很多孩子都存在这样一个问题——太依赖父母。比如,妈妈让写作业,刚翻开书本,就对妈妈说:"我不会,妈妈教教我怎么做吧!"又比如,妈妈让写作业,妈妈刚要走开,孩子就说:"妈妈,你得看着我写作业。"

孩子太依赖父母,不能独立学习,这是一个值得父母注意的问题。有些孩子不是不会做,而是不愿意思考,父母如果每次都帮孩子思考,那么孩子就会养成依赖的毛病,变得不爱思考,不会思考,这对于学习来说是非常不利的。

父母想让孩子学习有效率,成绩有提升,就需要帮孩子养成独立自主的学习习惯和学习能力。具体来看,父母可以从以下几点来引导孩子:

(1)让孩子自己想办法解决作业问题

许多父母对孩子过分溺爱,在生活上几乎有求必应,其实这种教育孩子的方式是不正确的。同理,在学习上父母帮孩子解决作业问题,以为是在帮孩子,但从长远角度来看,并不能帮到孩子。

李盼是一名三年级的小学生,学习成绩一直不错,不过在最近的一次考试中考得并不好,尤其是数学,很多题都做了一半,并没有解出答案。

李盼的数学老师找到李盼，问他说："你的数学基础挺好的，以前都能考八九十分，为什么这次才考了六十多分？"

李盼低着头不说话。数学老师又说："我看了你的试卷，发现你很多题都解了一半，怎么没有做完，是时间不够用吗？"

李盼摇摇头，说："有时间，只是我不会往下解了。其实这些题型我都见过，妈妈也给我讲过，但我忘记具体怎么做了。"

数学老师继续问道："妈妈经常给你讲题吗？"

李盼说："是的，只要有不会的题，我就会问妈妈，妈妈都能帮我解出来。"

"那妈妈讲题时你是真明白怎么做了吗？"

"嗯，当时妈妈说的每一个步骤我都明白，但没想到现在遇到同类型的题，我竟然想不起来了。"

"李盼，老师希望你下次再遇到不会的题的时候，能够自己动脑好好想想。如果你自己能解出来，那么再遇到同类型的题，你就不会想不起怎么解啦！"

通过上面的案例可知，妈妈一味地帮孩子解题也是有弊端的，只有让孩子学会自己解决难题，孩子才能印象深刻。

在学习上，父母一定要学会拒绝孩子。当孩子让父母陪着做作业或者解决不会做的算术题时，父母可以说："你要学会自己做作业，妈妈也有自己的事情要做。如果你遇到不会的问题，就翻翻书，看一看有没有类似的题，如果没有，就留着第二天去请教老师。"

（2）让孩子自行检查作业

许多父母都会习惯性地帮孩子检查作业，孩子也习惯了写完作业让父母检查。其实，如果想要培养孩子学习的独立能力，就应该尝试让孩子自己去检查作业。在自己检查作业的过程中，孩子会发现问题，注意到自己在某方面的疏忽，这样下次就能避免这些问题。如果总是父母帮孩子检查作业，孩子就会产生依赖心理，永远意识不到自己的错误。

王辉是家里的独生子，从小备受宠爱。在学习上，妈妈对他盯得很紧，每天放学后，王辉只有写完作业才能看电视或上网。妈妈对待王辉的作业也很尽心，每天都会亲自检查，帮助修改，并叮嘱王辉下次要注意哪些问题。

不过，王辉的妈妈后来发现，王辉做作业越来越马虎，作业中出现的很多问题都是以前出现过的，这说明王辉对妈妈指出的错误并没有上心。王辉的妈妈对此一筹莫展，她觉得自己对王辉的学习已经很用心了。

后来老师建议王辉的妈妈让王辉自己检查作业，如果检查不出问题，妈妈可以在一旁配合。总之，要慢慢培养王辉自主检查作业的习惯，这样他就能对自己的错误加以重视了。

王辉的妈妈听从了老师的建议。一段时间后，她发现王辉作业中出现的错误明显减少了许多。

分析案例可知，王辉之前的作业之所以做得越来越马虎，与妈妈习惯性为他检查作业的行为有一定关系。王辉知道妈妈会帮忙检查作业，所以就没有认真去做。当妈妈提出问题时，他也没有意识到错误的严重性，导致一错再错。

如果一直以来都是父母帮孩子检查作业，那么突然让他们自己检查作业可能使孩子心理上产生抵触，这时父母可以通过让孩子自己承担后果的方式警诫孩子。

萌萌是个 11 岁的女孩，从幼儿园开始，妈妈就帮她检查作业。每天萌萌写完作业后，就将书本往客厅的桌子上一放，告诉妈妈去检查，然后自己就出门找朋友去玩了。

眼看萌萌就要上六年级了，妈妈觉得应该让她自己学会检查作业了，于是告诉萌萌说："从明天开始，你自己检查作业。"萌萌听后表示拒绝。

第二天，萌萌写完数学模拟卷又跑出去玩了，妈妈这次没有帮她检查。

第三天放学后，萌萌闷闷不乐地回到家，质问妈妈："昨天的数学试卷你怎么没有帮我检查，错了几道题，我被老师训斥了。"

妈妈说："我已经说了，以后你自己检查作业，你不检查，就只能是这个后果。"

自此以后，萌萌开始自己检查作业了，只有遇到非常难的问题时才请教妈妈。

让孩子自己检查作业的目的，是让他们意识到写作业要认真，不能马虎，要学会总结错误。当孩子能够独立完成检查作业的任务时，也就养成了认真做作业的良好习惯。

行行出状元

检查作业风波

 ## 帮助孩子合理规定学习时间

在日常生活中,不少家长都曾这样抱怨道:"我家孩子一进家门就打开电视,一看动画片,就把读书写字的事抛诸脑后。不管你怎么提醒,他都听不进去;不管你怎么敦促,他都不理不睬。如果采取强制措施,他就又哭又闹。"没错,不少父母都对孩子不愿做作业和写作业时拖拖拉拉感到头疼。

一次,丹丹发出请求:"妈妈,让我玩会儿游戏好吗?"妈妈立刻回道:"再做半小时的试卷。"没想到的是,半小时后,丹丹妈妈检查试卷时竟发现丹丹在那段时间里只做完一道题。丹丹再一次请求妈妈,于是妈妈告诉丹丹,只要她做完一张试卷,就可以玩一会儿游戏。结果,丹丹把这张试卷做得有质有量,所用时间为20分钟,而在此期间,丹丹的眼睛没有一次离开过试卷,注意力十分集中。

在孩子身上发生这样的情况是司空见惯的。社会心理学家认为,无论是在工作还是在学习中,"痛苦"的前方都应当有快乐作为报酬。也就是说,不管处于怎样的痛苦当中,只要前方有自己期望或迫切需要的东西,那么人们都会顺利通过这次痛苦的考验。教育家称之为"目标倾斜",它说明人们在离目标不远时,工作和学习的曲线就

会呈现出显著提升的趋势。因此，专家认为，家长完全应当把这种心理现象利用在教育孩子上。先弄清孩子的兴趣所在，比如孩子最喜欢的一项娱乐活动，那么就把这项活动放在孩子完成作业的时间后面。如此一来，孩子既能欣然接受，又能轻松愉快地投入学习当中。从心理学角度上讲，这样的教育方法是"先苦后甜"的"目标倾斜"，同样也可以叫作"目标倾斜"的"先苦后甜"。

如果孩子正在兴高采烈地看动画片或打游戏，家长看到后，请不要立马上前打断孩子，责令他去学习。因为这样不仅达不到目的，反而会让孩子心生怨愤而产生抵触心理，更加没有心思学习。即使孩子在被逼无奈之下拿起作业本，也会心不在焉，他们表面上是一副正在学习的样子，实则心里还在想着刚才看的动画片或者玩的游戏，在这种情况下，收到的学习效果简直微乎其微。

既然强制措施下不出效果，那么就来调整一下学习时间。和他们约定好开始学习的时间，时间一到，再督促他们去学习。这样就会让孩子明白父母是尊重自己的，孩子得到父母的体谅，自然也会理解父母的苦心，一定会更加专注于学习。

与东方传统的教育方式不同，西方的教育向来主张"痛快玩，努力学"，让孩子自主设定娱乐、读书的时间。有关资料证实，孩子制订的学习计划通常都是先放松身心去玩耍，再开始读书学习，最终收到的学习效果也都很好。

《礼记·中庸》说道："凡事豫则立，不豫则废。"这句话告诉我们，凡事都要有计划、有技巧。学习也是如此。那么，怎样帮助孩子合理规定学习时间呢？以下几点建议会对您的孩子有所帮助。

（1）制订可行的计划

如果将学习计划制订得难度过大，就会让孩子产生紧张心理，进而产生挫败感。有的孩子虽然制订好了计划，却未能执行，究其原因，可归为三种：计划制订得过于理想化；自身缺乏执行力，没有坚持下来；规定的学习时间脱离现实，没有做到因时制宜，受到诸多外在条件的干扰。

不过，以上原因的任何一种，都是可以凭借孩子的努力和家长的配合让原来的学习计划得到改善，从而解决问题的。

（2）考虑生活的平衡性

规定学习时间时，要从多方面考虑，而不要只顾着学习。生活中的其他日常活动与学习都有着密切的关系，所以，即使学习占主要地位，也不能剥夺一日三餐、睡觉及课外活动的时间，还要有与朋友、家人交往娱乐的时间。总之，要让孩子将一天中的各种活动进行合理分配，只有充实而有规律的生活才能帮助孩子提高学习效率。

（3）要有一定的灵活性

生活中难免会出现一些突发情况，这时就会对所制订的计划产生影响，必须将计划做一些变动。比如，某天孩子因参加足球比赛而扭到了脚，这时就要根据实际情况改变学习计划，带孩子看医生或者让孩子卧床休息。如果只是为了完成计划而强迫孩子去学习，那就因小失大了。

（4）学习计划以基本不变为原则

学习计划是可以根据实际情况做些调整的，但如果总是因同学临时相约打球、逛街而变动，就难以让孩子形成好的习惯。因此，父母在帮助孩子规定学习时间时，就应该预先商量好这种情况发生时的应对措施。计划一旦制订好，就要一丝不苟地执行下去，不能轻易打乱。

（5）有具体的学习目标

要综合孩子的学习目标、学习近况、学习成绩等方面来制订具体的学习目标。规定学习时间要以孩子自身的能力和特点作为依据，还要考虑孩子各方面的能力和学习兴趣是否能够适应制订的学习目标和采用的方法。另外，家庭环境、家庭经济条件等方面也需要考虑在内。

不同时期制订的计划也要有所不同，一般可分为三种：学年计划、学期计划和一周作息时间表。

因为孩子的大脑正处于发育阶段，与成人的大脑相比更易疲劳，所以要制订一周作息时间表，让孩子连续学习的时间不要过长，更不能挑灯夜战。现在孩子上课没精神、打瞌睡，多半是因为家长或老师布置的作业过多。比如，大部分孩子在学校上完课之后，还要到培训学校继续学习，回到家后还要加班加点地写作业，这样只会导致孩子上课状态不佳，学习效率下降，最终得不偿失。

父母一定要注意，充足的睡眠才能保证孩子精神饱满、心情愉悦地学习，才是提高学习成绩的首要条件。总之，父母应该帮助孩子规划好学习时间，让孩子的学习更加规律、稳定，这样才能达到更好的学习效果。

预 判

劳逸结合

第五章
不吼不叫，培养出高情商的孩子

自我认知是培养高情商孩子的基础

　　自我认知是情商的第一要素，让孩子清楚地认识自己，对自己有一个准确的定位，是培养高情商孩子的基础。

　　美国著名人际关系学大师卡耐基出生在弗吉尼亚州乡下的一户贫苦人家。他小的时候非常调皮，是一个不折不扣的淘气包。在他9岁的那年，父亲领回了一个女人，那个女人就是卡耐基的继母。父亲在向继母介绍卡耐基的时候，特意叮嘱道："亲爱的，你以后一定要注意这个全社区最坏的小男孩，这个孩子是真不让人省心，今天有可能拿石头砸你，明天指不定又会干出什么坏事，总之让人防不胜防。"

　　听到父亲用这样恶劣的话语评价自己，卡耐基原本以为继母会很不喜欢自己，但让人意外的是，继母竟然微笑着走向他，用手轻轻地抚摸着他的头发，继而对丈夫说："你错了，他不是全社区最坏的男孩，而是最聪明，但还没有找到发挥热忱的地方的男孩。"

　　继母这句温暖的话，把卡耐基感动得差点哭出来。当然，也正是因为这句话，他和继母开启了友好的相处模式。此外，这句话还给卡耐基以后的人生提供了源源不断的动力，最终帮助他创造了成功的"28项黄金法则"，而卡耐基本人也成了引领万千普通人走向成功的精神领袖。不得不说，继母的一句话改变了卡耐基一生的命运。

父亲的一句话让卡耐基觉得自己是全社区最坏的孩子，而继母的一句话则重新开启了卡耐基对自我的认知，从此，卡耐基开始了另外一种截然不同的人生历程。由此可见，培养孩子正确的自我认知，帮孩子树立自信心是多么重要。

孩子的自我认知既包括对自己价值观、人生方向和目标的认知，也包括对自己性格特征、情绪变化，以及优势劣势等的认知。

通常来说，两三岁是孩子自我认知的萌芽阶段，这个时候的孩子自我意识觉醒，不允许其他小朋友触碰属于自己的玩具。另外，在自我意识的支配下，他们也会开始选择自己喜欢的衣服。进入童年时期，孩子的自我认知集中体现为对自己外貌、性格、兴趣爱好等的认知、评价和态度。

为了帮助孩子更好地在各个阶段发展和提高自我认知的能力，父母在家庭教育当中需要注意以下几个方面的内容：

（1）创造开放、宽松的环境

通常来说，开放、宽松的环境对孩子自我认知能力的发展有一定的帮助，所以父母一定要重视这一点，尽可能地为孩子创造更多与人交流的机会，比如，拜访别人或者邀请别人来家里做客，等等。这样孩子才能与他人保持密切的联系，当然也能获得更多了解成人评价标准的机会。

（2）在游戏中提升孩子的自我认知能力

游戏是贯穿孩子童年的重要活动，因此，作为父母，不妨让孩子在游戏中扮演不同的社会角色。在扮演的过程中，孩子可以设身处地地了解到不同情境下不同角色有什么样的情感，这样有利于孩子理解别人，也有利于培养孩子的同理心。

（3）表扬孩子要做到客观、具体

父母如何正确地夸孩子对其成长至关重要！如果父母的赞美之言比较宽泛，且言过其实，就不能起到很好的教育效果。比如"你是最棒的"这句话就夸得很不恰当，一个"最"字让本来就容易以自我为中心的孩子更加严重偏离正确自我认知的轨道。所以，这种不能帮助孩子对自己做出正确认知的话尽量少说。另外，总是对孩子说"你最棒"，会给孩子一种欺骗感，久而久之，在这种谎言的笼罩下，孩子对父母的信赖度会越降越低。

父母表扬孩子的时候除了要做到客观，还要做到具体。比如，可以这样说"今天阳阳表现得真好，因为你主动帮妈妈收拾了碗筷，擦了饭桌"，这些具体的表扬可以向孩子传递"今天我表现很好"和"我表现很好的原因是什么"这样两个信息，而这远远比说一句笼统的"你是最棒的"更有意义。

（4）配合学校的老师

学校是一个小社会，更是孩子与他人学习交流、提升自我认知的大舞台。如果学校的老师组织学生开展"我和我的好朋友"一类的主题教育活动，可以帮助孩子正确地认识自己和评价自己，父母一定要积极配合。另外，如果学校组织一些有利于提升孩子社交技能的实践活动，父母也需要鼓励孩子积极参与。在参与这些活动的过程中，孩子可以通过他人的反应了解自己，进而进一步发展自己的自我认知能力。

自我认知能力是孩子一生中最重要的基础能力，孩子有了这个能力才能对自己有一个清晰的定位，才能对自己以后的职业和事业有好的规划。因此，要想培养一个高情商的孩子，先来让他准确地认识自己吧。

让孩子有容纳百川的心胸

高情商的人一般都有容纳百川的心胸，只有这样的人才不容易被他人激怒，才能够冷静地处理与每一个人的关系。父母要想让孩子成为一个在社会交往中受欢迎的人，就一定要让孩子的心胸开阔一点。

有这样一个故事：有一天，学校组织的春游活动发生了一个不大不小的"事故"。

学校组织的这次春游活动，主要是教一些年龄较小的小朋友踢足球。在春游活动结束的这天，由于参加活动的孩子比较多，工作人员不小心将一个5岁左右的小女孩留在了足球场。足球场所在的地方有些偏远，没有什么人去，等到工作人员发现人数不对时已经过去了两个多小时。小女孩独自一人待在那里吓坏了，号啕大哭。

工作人员心怀愧疚地一直安慰着小女孩，直到孩子妈妈到来。

假如你是孩子的妈妈，你会怎样处理这件事呢？将那位工作人员痛骂一顿？直接将情况反映到相关领导那里进行投诉？或者怒气冲冲地带着孩子离开学校，表示再也不会来这里，也不会再让孩子参加春游这种活动了？

这些做法都不是最佳的处理方式。这位孩子的妈妈了解事情的经过后,没有去指责工作人员的失误,而是蹲下来安慰自己的孩子,并且告诉她:"已经没事了。这位小姐姐因为不知道你去了哪里而非常紧张、非常着急。她只是不小心,现在你要亲亲那位小姐姐,安慰安慰她!"

听了妈妈的话,这位年仅5岁的小姑娘慢慢止住了哭泣,踮起脚尖,亲了亲在她旁边蹲着的工作人员的脸颊,然后轻轻地安慰她:"已经没事了,不要害怕。"

这位妈妈的教育方式,一定能够使孩子形成宽容待人的好习惯。

心胸宽广是一种十分美好的品德,我国古代许多杰出的人物都十分重视一个人的心胸。如庄子曾说:"圣人并包天地,泽及天下。"意思是圣人应当有包容天地,恩泽遍及天下的广阔胸怀。民族英雄林则徐有这样一句名言:"海纳百川,有容乃大。"大海因为有宽广的度量才容纳了成百上千的河流,一个人拥有了宽容的品德,就能包容不同的想法与意见,尊重别人的行为习惯、生活方式,对别人的各种小错一笑而过,让对方能够自己修正自己的错误。能够宽容待人的人通常能够与人相处和谐,营造良好的人际关系,成为一个高情商的人。

心胸宽广是每个人都应当具备的品德,也是为人处世、高情商的基本要求。那么,父母要怎样培养孩子心胸宽广的品德呢?

(1)重视榜样的力量

苏联杰出的教育家马卡连柯曾提出这样一个观点:"在教育子

女之前,父母应当首先检查自己的行为。"对父母而言,想要让孩子懂得什么是宽容,就应该首先从自身做起,让自己拥有宽容的品德。倘若父母都是一个斤斤计较、心胸狭窄的人,经常听不进别人的意见,总是对别人指手画脚,因为别人的一点小错就得理不饶人,那么在这种家庭氛围中成长的孩子,又怎么可能知道什么是宽容呢?

(2)在故事中教导孩子

讲故事是教育孩子的一种良好手段。我国有许多体现宽容品德的历史典故,如"负荆请罪""宰相肚里能撑船""六尺巷的故事"等,国内外还有许许多多关于宽容的寓言故事,这些都是教导孩子学习宽容的素材。

(3)壮美的自然景观可以陶冶孩子

大自然是杰出的工匠,浩渺的海洋、奔腾的河流、秀丽的湖光山色都令人赞叹不已。见到大自然的雄浑与博大后,人们就会感到心胸开阔,沉郁的心情得到疏解。因此,父母可以在能力范围内,多带孩子去见识祖国的壮美河山,让孩子的心灵接受大自然的洗礼,让孩子的视野和胸襟都变得更加开阔。

(4)在交往中进步

每个人都会有优点,也会存在很多不足,成长的过程中更免不了出现或大或小的错误。对于孩子来说只有多与人接触,才能够发现自己的问题;只有通过与人相处,才能感受到宽容的意义,体验到宽容带来的快乐。

因此，父母应当注意引导孩子宽容地对待自己的同学、朋友，乃至竞争对手。让孩子能够称赞别人的优点，为同学的成功而喜悦，对有困难的同学给予帮助，虚心接受别人的合理建议，不嫉妒优秀的同学，不嘲弄落后的同学，不刻意为难竞争对手……这些都能让孩子收获友谊，培养宽容的品德，一步步朝着更好的方向发展。

（5）让孩子对变化习以为常

对物和事的态度也能表现出宽容。有些孩子不喜欢变化，甚至还会因为变化而焦躁，经常处于紧绷的状态，这样自然也就谈不上宽容了。可是，现代社会高速发展，世界每时每刻都在发生无数变化，因此，父母要积极引导孩子多接触新鲜事物，让孩子感受到变化带来的快乐，并喜欢上新鲜事物。当孩子对变化习以为常时，自然也就多了一份包容。

有教养的孩子才能人见人爱

古希腊人认为,一个人即使有着漂亮的外表,如果不具备良好的教养,也不值得人们尊重。英国教育家斯宾塞说:"礼仪教养是一个人品质的基础,如果不讲礼貌、不讲文明,孩子的发展就会被禁锢,孩子的品行就会有瑕疵。只有懂礼貌、有教养的人,才能在生活中处处受人欢迎,拥有好人缘,获得更多更好的发展机会。"

有教养能给人留下深刻而良好的第一印象。心理学上的首因效应告诉我们,第一印象能够帮助一个人从人群中脱颖而出。良好的教养,足以弥补一个人外表上的缺陷和不足,他们虽然没有引人注意的外表,却拥有令人赞赏的优雅举止和仪态,举手投足之间都魅力十足。父母要把拥有良好的教养作为培养孩子品质的头等目标。假如没有好教养作为品质的基础,孩子很容易一事无成。有良好教养的人不管走到哪里,都会受人欢迎,他的言行举止让人感到非常舒服,也会在不知不觉间感染他人,得到他人的认可。

父母要从小培养孩子的良好教养。很多父母觉得孩子还小,因而对孩子放任自流,误以为等到孩子长大了,自然就能遵守规矩,懂得礼仪。这种观点显然是错误的。古人云:"不积跬步,无以至千里，不积小流，无以成江海。"如果孩子缺乏教养，就会形成礼仪上的坏毛病，日久天长，习惯成自然，想改正会很难。如今，有很多孩子从小娇生惯养，说话口无遮拦，家里来了客人也不懂得礼貌招待，饭桌上总是挑选自己喜欢的东西吃，丝毫不顾及旁人……假如父母不及时纠正孩子的这些坏毛病，那么孩子难道会在某天早上醒来后突然变得彬彬有礼吗？培养孩子的文明教养，与让孩子发展天真无邪的本性并不冲突。其实，越是懂得礼仪的孩子，情商越高，越能获得更自由的天地发展自己，因为他不管走到哪里都是受人欢迎的。既然好教养这么重要，父母就切勿对孩子放任自流，让孩子成为他人眼中"不懂事""不懂规矩""招人讨厌"和"素质低下"的反面教材，而要努力提高孩子的教养，特别是要教会孩子讲文明、懂礼貌。

有一位爸爸带着女儿晴晴去拜访某位教育专家，想要解决在教育孩子方面的难题。爸爸告诉教育专家："前几天，有个亲戚来家里做客。亲戚刚刚进门，看见晴晴正坐在客厅全神贯注地玩芭比娃娃，就微笑着走进客厅，没想到晴晴抬起头冷漠地看了看亲戚，再没有任何表示，继续把玩着手里的芭比娃娃。亲戚友好地和晴晴打招呼，向晴晴问好，晴晴也只是再次扭头看了亲戚一眼，就自顾自地玩芭比娃娃了。"

教育专家问爸爸："那么，看到孩子的表现，你是怎么做的？"爸爸回答："开始的时候，我还很友善地引导孩子和亲戚打招呼，但是看到孩子继续沉默，继续旁若无人地玩芭比娃娃，我觉得很丢脸，只好尴尬地向亲戚解释，说晴晴天生胆小，不爱说话。"

不难想象，当时爸爸肯定觉得特别尴尬，所以才会向亲戚解释说晴晴不爱说话，天生胆小。然而，如果爸爸总是这样为孩子搪塞，找借口推卸责任，孩子就会越来越不懂礼貌。上述事例中，爸爸并不了解孩子的心思。现实生活中，很多父母的做法都和这个爸爸类似，而实际上父母只是觉得自己脸上挂不住，所以才为自己找台阶下。

如果了解孩子的心理，父母就会知道，孩子之所以不和亲戚打招呼，很可能并非胆子小，也不是没礼貌，而是因为孩子正在玩玩具，说不定在看到亲戚走进客厅的时候，她的所有心思依然沉浸在芭比娃娃中，根本没有回过神来。孩子的经验、技巧都有待发展，面对这样的突发情况，无法在第一时间妥善处理是很正常的。

下面是基本的礼仪教养常识，父母要教会孩子，让孩子认真学习，对照着这些常识去做，这样孩子才能成为一个懂礼貌的人。

（1）做客礼仪

在去别人家做客之前，父母很有必要与孩子沟通去谁家、要见什么人、如何称呼，还要告诉孩子见到主人时说些什么，让孩子有心理准备。主人开门的时候，孩子首先要问好，例如"阿姨好""叔叔好""爷爷好""奶奶好"。

到了主人家里，孩子切勿和在自己家一样随处走动，上蹿下跳，更不要随便乱翻主人家的东西。

主人招待水果或者饭菜时，孩子要对主人表示感谢，及时说

"谢谢"。

大人谈话时，孩子不能插话或者随意打断大人说话，而是要安安静静地在一旁等待，除非大人问话的时候，才能礼貌地回答。当孩子插话时，父母切勿当着主人的面指责孩子，而是在事后教会孩子不插嘴的道理。

如果主人的孩子和自己孩子年龄相仿，孩子可以与小主人一起玩耍。父母要提前告诉孩子，和小主人一起玩耍的时候，要尽量让着小主人，避免发生冲突。

用餐的时候，不能抢先入座，要等主人落座之后，客人再落座。就餐时，也要等主人开餐后，客人才能动筷子。主人夹菜或者照顾客人时，孩子一定要及时说"谢谢"。

告辞的时候，父母要让孩子感谢主人的盛情款待，并且提醒孩子不带走主人家的任何物品，诸如玩具或者零食等。

回到家里之后，父母可以引导孩子说说做客的感想，引导孩子意识到当主人的辛苦。当家里有客人来的时候，父母还可以给孩子机会学习当好小主人，招待好客人。

做客时，孩子要穿着整洁得体的衣服，符合场合的需要，且要穿着舒适。

（2）公共场合礼仪

外出前，父母要细致地叮嘱孩子这趟出门要做什么事情，并且明确地为孩子立下规矩，确保孩子明白待人处事的注意事项，严格遵守。虽然这么做有些啰唆，但是可以在短时间内在孩子脑子里形成基本印象，以免在大庭广众之下出"洋相"。

父母要坚守原则，当过于活泼好动的孩子在超市等公共场合跑来跑去，吵闹不休，且父母屡次劝说孩子无效时，一定要冷静处理，最好马上带着孩子回家，让他深刻认识到在公共场合里必须好好表现，否则就会被暂时剥夺出门的机会。

父母带孩子去餐厅吃饭时，要先对孩子说明具体情况，并且叮嘱孩子在餐厅里切勿大声喧哗。

教会孩子经常使用"请""对不起""很抱歉""谢谢"等礼貌用语，这样才能更好地与人交流。父母要告诉孩子，只有使用这些礼貌用语，才能给人留下良好的印象。

告诉孩子，在遇到熟人时要主动打招呼，切勿视而不见。路上在拥挤处遇到行人，要对行人礼貌谦让。在公交车上，如果乘客很多，年龄稍大的孩子要主动给老幼病残孕让座。

（3）日常个人礼仪

孩子要保证仪容仪表整洁干净，每天都要清洁头发、脸部、脖子、牙齿、双手等经常示人的身体部位；要经常修剪指甲，不当着陌生人的面嚼口香糖；要经常洗澡、换衣服，避免身体散发异味，惹人生厌。

一个人是否有教养，将会影响他的一生。父母一定要从小教育孩子。相信孩子即使长大成人，也会始终牢记父母的叮嘱，也会理所当然地遵守规矩，承担责任。这将会让孩子受益一生，也会让孩子的人生之路走得更顺畅。

 ## 让孩子拥有与同龄人交往的能力

在现实生活中，一些父母的关注点只有孩子的成绩，至于孩子交不交朋友是无所谓的，他们甚至还会怕孩子交到坏朋友影响成绩。在另外一些父母眼里，孩子辨别是非的能力很差，需要自己来严格"把关"。可是这样一来，孩子的交友积极性会大打折扣，甚至会越来越孤僻。培养孩子人际交往的能力是孩子实现社会化的必经过程，也是他实现高情商的重要保障。

甜甜的妈妈是个沉默寡言的医学工作者，爸爸是个工人，也是不爱说话的人。在父母的影响下，甜甜也形成了不善交际的性格。她虽然成绩很好，但是同学们都觉得她阴沉沉的，就有意无意地远离她。做实验时，明明谁都知道甜甜是做得最好的，却都不愿意主动和她一组，往往需要老师来分配。

甜甜不太擅长运动。一天清晨做操时，在她左边的同学说了一句"你的腰弯得太轻了吧"，她就使劲弯下腰，没想到右边的同学又轻轻说了一声"瞧她，腰都快弯断了"，甜甜竟然一时间不知道该怎么做了，呆呆地站了半分钟，引得周围同学一阵窃笑。

还有一次，她看到几位同学准备到操场玩跳皮筋，她也很想

去，但是又不知道怎么开口，就默默跟在大家身后。这时，一位同学回头说了一句："你怎么像个跟屁虫一样呀！"这句半开玩笑的话，刺伤了甜甜的自尊心，她的脚像被钉子钉在了那里，半天回不过神来，接着默默地走回了教室，这一天的课都没怎么听进去。

类似的事一件一件发生着，甜甜的个性也越来越孤僻。她无心学习，总是想着自己是不是哪里不对，为什么人人都讨厌自己。她成绩下滑，开始沉迷课外书，觉得只有书拿自己当朋友。越这样想，她对别人的尊重和关心就越少。她总是这样告诉自己：没人对我好，我凭什么对别人好？她的生活费有限，为了看书，竟然开始偷书店的书，直到有一天被店主抓了现行，把她的父母叫来才放她走。

这一次，父母终于意识到了问题的严重性。女儿今天能够毫无愧疚地偷书，下次就可能去偷别的东西，甚至学会溜门撬锁，那样就无法挽回了。于是他们开诚布公地找女儿长谈了一次，甜甜流着眼泪说了自己在学校的情况。她的父母是个很聪明的人，很快想到，正是孩子在学校没有朋友，才导致她出现种种问题。于是，他们主动向女儿道歉，承诺以后不会只顾着工作而忽略女儿。同时，他们告诉女儿，交朋友必须主动伸出手来，不要总是封闭着自己的内心。

第二天，甜甜的同桌忘了带文具盒，甜甜主动把自己的学习用品借给了她，同桌很诧异，推了回来，但甜甜却笑着又递给她。同桌笑着说了"谢谢"，两人之间往日隔着的一层"冰墙"融化了。晚上，爸爸买回来了当下最流行的书籍，在女儿做完作业之后两人就一起研究起来。没过几天，父女俩就看完了这本书。过了不久，甜甜课间听到几个女生在讨论那款新上架的书，就主动搭话说她看过那本书，里面有趣的地方是哪里，大家吃惊极了，回家后看了一遍那本书，果然有趣的部分就是她说的那样。第二天，这几位同学纷纷围到甜甜身边和她交流。从此，甜甜的性格开朗了不少，她擅长做实验和读书、见识广的优点也慢慢得到大家的赞赏。人际关系好了，甜甜的成绩也慢慢恢复，并越来越优异。

甜甜由于在班级中的人际关系不好，所以日渐孤僻，成绩下滑，甚至出现了偷窃的行为，这是十分危险的。但是，一旦她交到朋友，整个人的精神面貌就焕然一新了。我们不得不承认，孩子必须和同学保持友好关系。那么，想要让孩子善于与同学交往，父母能够做些什么呢？

（1）给孩子营造良好的家庭氛围

孩子的性格直接影响他们的交际能力，而家庭氛围对孩子的性格有着直接的影响。所以，父母必须营造出轻松、和谐的家庭气氛，让孩子在家中敞开心扉。这样孩子可以变得开朗，在学校里很容易和同学打成一片，也会受到老师的喜爱。

（2）让孩子分担家务

让孩子做家务的目的，是避免他形成懒惰的性格，让他学会与他人协作完成任务。让孩子分担家务活时，必须本着民主原则进行事先讨论，充分征求孩子的意见。这样即使家务活比较繁重，孩子也能在与父母的协作中找到乐趣，并形成善于合作、乐于助人的性格，在班级中自然会受欢迎。

（3）要耐心解答孩子的问题

孩子心中有疑惑，不是憋在心里而是向父母求教，对父母来说是一件好事，父母必须尽自己最大的努力耐心为孩子解答。这样一来，孩子就不会产生挫折感，日后也有勇气向他人开口。不仅如此，父母心里有困惑和烦恼时，也不必拘泥于自己的身份，可以向孩子征求意见。无论孩子给出的意见是否可行，都要表示赞扬。长此以往，孩子与他人交流的能力就会得到提升。

 ## 高情商的人善于记别人的名字

人际交往中,最能拉近人与人之间的距离的举动便是准确地叫出对方的名字,这样可以迅速让双方进行深入交谈。对名字的呼唤,会让对方产生这样的认知:你对他有很深的印象,在你心中他是很重要的,他能够让别人记住自己,这样你的形象在对方心目中自然就好了起来,无形中建立起了一架沟通的桥梁。

美国曾有一位人气超高的总统,无论是政客还是身边的仆人都很喜欢他,他就是富兰克林·罗斯福。很多人会问,为什么富兰克林·罗斯福总统那么受人欢迎呢?这就要说说他擅长记别人名字的事情了。

一天,已经卸任的富兰克林·罗斯福去白宫找新任总统商议事情,不料新任总统一家刚好出门了,他就在花园里逛了一圈,和所有遇到的白宫仆人、园丁打招呼,叫出他们的名字,并简单聊了聊近况。他向厨房的亚丽丝问道:"亲爱的亚丽丝女士,您现在还烘制玉米面包吗?"亚丽丝听到富兰克林·罗斯福还对自己的厨艺有所怀念,立马包了一袋玉米面包给他。于是富兰克林·罗斯福一边吃一边去会客室等新总统归来。

我们不得不佩服富兰克林·罗斯福总统，他与仆人等人见面时像许久未见的朋友一样打招呼，让对方心里感到十分温暖，也难怪大家这么喜欢他。

富兰克林·罗斯福的例子告诉我们，人际交往中，能清楚地记住别人的名字，无疑会对我们的成功大有裨益。

无独有偶，我们的周恩来总理在这方面也做得非常好，他可以在见一个人的第二面时说出对方的名字并且与之亲切交谈。无论对方身份高低，他都能做到这一点。

其实，我们和一个人的第一次交谈中，大脑会接收到很多信息，却往往会忽略对方的名字，而能在第二次见面时准确叫出对方的名字，无疑会令对方好感倍增，愿意和你一起共事。

所以，明白了以上这些道理，父母就应该格外重视培养孩子记忆朋友名字的习惯，这样有益于孩子交际空间的拓展。父母可以帮助孩子在脑中建立一个经常打交道的朋友的姓名档案，不断地在老朋友的名字中加入新的名字，这样孩子的朋友就会逐渐增多，孩子的交际范围也会越来越广。这相当于积累财富，因为朋友就是人生最大的财富。

那么父母要怎样教孩子熟记朋友的名字呢？可以参考以下三个建议：

（1）多次重复对方的名字

让孩子在听到朋友的名字之后，在心中默念几遍，并在之后的交谈中尽量多地重复用到这个名字，即可在脑海中加深印象。

（2）建立有意义的联想

假如孩子的朋友叫"黄子星"，颠倒顺序就是"杏子黄"，这样便将朋友的名字记住了。

（3）运用谐音记忆

例如，孩子新朋友的名字是"卓佳"，那么孩子可以马上联想到："哦，这个朋友将来是个'作家'。"

除以上三个建议外，还有许多熟记朋友名字的方法，父母要帮助孩子试着找到属于自己的方法，拉近孩子与朋友之间的距离。

谦虚是高情商孩子必备的"法宝"

达尔文是世界闻名的生物学家，他在生物进化方面取得了举世瞩目的成就，但他从始至终都保持着谦虚的品格。他在与人交谈时，总能够耐心地倾听对方说话，无论对方的资历是深还是浅，年龄是长还是幼，他都会以谦虚的姿态面对对方，就如同对方是他的老师，而他是个虚心的学生。1877 年，德国和荷兰的一些科学家为达尔文庆祝生日，达尔文在感谢信中这样回复道："我非常清楚，如果没有这么多可敬的观察家辛苦收集到的丰富素材，我根本就不可能完成我的作品，哪怕勉强写完了也不可能让人们记住，因此我觉得荣誉主要应归功于他们。"

谦虚是一种美德，没有一个人有资本骄傲，因为任何一门学问都如同广阔无际的海洋、浩瀚无垠的天空，没有一个人能做到极致，达到最高境界，或将某些问题研究透彻。如果有人因为自己取得的成就沾沾自喜、故步自封，那么很快就会被人迎头赶上。

因此，为了让孩子能够更加顺利、健康地成长与进步，更受到别人的欢迎，父母应当教会孩子谦虚。那么具体应该怎样做呢？

（1）帮助孩子正确、全面地认识自己

孩子看待自己的时候经常会有所偏颇，可能会只看到自己的长处。因此父母应当帮助孩子正确、全面地认识自己，既要看到自己优秀的地方，也要看到自己做得不好的地方，严格要求自己。雷锋就是一个谦虚的人，他在日记中这样写道："我要永远戒骄戒躁，不断前进。""一滴水只有放进大海才能永不干枯，一个人只有和集体事业融为一体才更有力量。"只有全面认识自己，孩子才能取长补短，才能得到更好的发展。

（2）教育孩子学会感恩

父母应当告诉孩子，虽然他的成绩离不开自己的努力与奋斗，但他人的努力也起到了必要的辅助作用。父母的培养、老师的教导、同学的帮助，这些都是他取得良好成绩的推动力，孩子应当心怀感恩，不能忽视这些。

（3）开阔孩子的眼界

父母应当开阔孩子的眼界，让孩子拥有广阔的胸襟。在集体生活中，孩子可能在不知不觉间就开始与人进行比较。如果孩子只用自己的长处来比较别人的短处，就会误以为自己在各方面都比别人强，也就开始自大起来。因此，父母应该引导孩子走出那个狭小的圈子，让他们见识到更广阔的世界，孩子自然会拥有一颗谦虚的心。

（4）有技巧地进行夸奖

"优秀的孩子是夸奖出来的"，这句话是很有道理的，但真要想把孩子夸好，还需要一定的技巧，否则容易让孩子骄傲自满，不懂得谦虚。

表扬孩子应当掌握尺度。有些父母深知夸奖带来的好处，于是孩子只要有一点点进步就滔滔不绝地称赞，时间长了，孩子就可能开始骄傲起来。因此父母应该保持适度的夸奖，在孩子取得小进步时以轻轻的一个微笑、几句表扬来表示对孩子的关注，取得较大的进步时给予充分的表扬，尽量保证"浓淡"适度。

保持积极的态度。父母要清楚，夸孩子的目的是希望孩子能够养成良好的品德，促进孩子的发展，而不是满足大人的某种心理需要。有些父母由于工作、家务上的繁忙和劳累，所以每当与孩子交流时都会表现出一副不耐烦的样子，随便说几句孩子爱听的话来应付，希望以此摆脱孩子的纠缠。但如果父母没有仔细听孩子的话语，是无法充分了解事情的来龙去脉的，这样就可能无意中肯定了孩子某些错误的言行，误导孩子；也可能忽视了那些本该进行充分肯定的优秀言行，让孩子的积极性遭受很大的打击。因此，在夸孩子前应当先去仔细观察孩子的表现，并理解孩子的想法，然后再进行适度的表扬或引导。

夸与奖相结合。父母适度地表扬孩子，能够让孩子得到精神上的鼓舞，促使孩子朝着正确的方向发展。但如果孩子一直都只接受口头表扬，时间长了动力也会减弱，而如果能将表扬和奖励相结合，就能得到更好的教育效果。

在进行奖励时应当以精神奖励为主，如带孩子去看展览等，同时配合一定的物质奖励。

懂得倾听的孩子情商高

不管大人还是孩子，在日常人际交往中，因为自我表达的欲望，所以都更喜欢他人听自己讲话。但是，没人会喜欢一个只顾自己口若悬河却不给别人一丝说话机会的低情商的人。这时就显示出了倾听的重要性。心理学家认为，倾听对了解他人内心世界很有帮助，它能促进人与人之间的良好互动。

人们要进行有效沟通，倾听是必不可少的。倾听也是一种接纳的"语言"，其表现出来的是心灵的互通、理解和尊重。倾听的过程即积极接受并理解对方的过程。那些倾听能力较好的孩子，因为从倾听中接收到很多信息，所以，相对而言，他们会拥有更好的人际关系，具有更好的语言表达能力。正如养料让植物茁壮成长，倾听会让孩子更加富有。

如今的父母越来越重视孩子表达能力的训练，却忽视了倾听能力的训练。很多孩子缺乏朋友、不合群，不会倾听就是一个重要原因。倾听作为一种素质，一种能力，是一个想要成功进行交际的人必须具备的，就像汤姆·比德斯在《追求优秀的热情》这部作品中所说的："倾听是礼貌的最高形式。"会倾听的人是很受欢迎的谈话对象，他们乐于听对方的谈话，也善于问出对方感兴趣的问题，默默地鼓励对方敞开心扉，倾吐心中的话，所以他们总是备受人们欢迎和喜欢。

许多年前，一个荷兰孩子跟着父母移居美国，他就是巴克。巴克的家境十分贫寒，为了生活，他每天都要去街上捡煤渣。为了每星期多赚5美元，每天放学后，他都要去给一家面包店擦橱窗。

巴克只在学校学习了五年，就为了生计辍学做了童工。童工的生活非常艰苦，薪资却少得可怜。尽管如此，巴克学习的心一直没有改变，他想尽一切方法学习着。后来，他省吃俭用，买回一本《美国名人传全书》。当他读完这本书后，脑子里产生了一个大胆的想法。他想写信给这些名人，请求他们将自己的童年资料寄来。并且他真的这么做了。

巴克善于倾听，所以他希望听那些名人讲述自己的故事。他给爱默生写信，希望能听他的童年故事；他给格雷将军写信，向他询问某次战役的细节问题；他给正参与总统竞选的加菲尔德写信，询问他在运河上做童工的经历是真是假……他给美国的很多名人写过信，包括戴维斯、修曼将军、林肯夫人、朗费罗、夏莫斯等。他真的得到了名人们的回应，格雷将军还寄给他一张地图，并邀请他共进晚餐，那晚他们聊了一整晚。

巴克不仅给名人们写信，还利用休息时间去拜访他们，在这个过程中，他逐渐成为各位名人家里最受欢迎的客人之一。巴克之所以能受到名人们的欢迎，与他认真倾听对方的谈话紧密相关。在与众多名人交往的过程中，巴克也渐渐拥有了自信，并树立了远大理想，从而改变了原本清贫、艰难的人生。

教育专家指出：一个孩子学习的好坏，与倾听密切相关。通常来说，会倾听的孩子学习比较优秀，因为他们上课能聚精会神地听讲，且善于思考，能准确抓住老师所讲的重点。而那些不善于倾听的孩子，上课总是走神，这就导致他们错过老师所讲的基础和重点知识，不能理解老师所讲的内容，结果便是成绩差，就算参加各种课后补习班，也无济于事。

在讲关于倾听和学习之间的关系时，一位教育专家讲了这样一个故事：一次，一所幼儿园邀请父母和孩子一起听一节认识数字的课。老师带着孩子们认识了1~10这十个数字，然后要求孩子们在纸上写出这十个数字，写完后，用手指蘸上颜料，把自己写的十个数字圈起来。老师将这些写满数字的纸挂在了墙上，然后请父母们从纸上找出会倾听的孩子，标准是：会倾听的孩子用手指蘸上颜料在纸上将每个数字都圈起来了。父母看完后，发现只有一个孩子是按照要求做的，剩下的孩子都是用笔画的。

倾听真的像上面故事中展示的那么难吗？其实不是。那要怎样引导孩子学会倾听呢？

（1）认真倾听孩子的讲话

在孩子有事情要告诉父母时，父母不管多忙，不管在做什么，都要停下来，认真听孩子说完。父母切忌将注意力总是放在手机、电脑、电视上。当父母以身作则，做到了认真倾听孩子的话，孩子也

会在潜移默化中成为一个好听众。

（2）让孩子把父母说的话重复一遍

从孩子五六岁开始，就锻炼他的复述能力，即让他把爸爸妈妈说的话重复一遍，因为这个阶段的孩子注意力不能集中，可能对父母的话充耳不闻。最初，孩子可能无法复述，这时父母就要严肃要求孩子再说一次，时间一长，孩子也就能学会倾听了。

（3）注意赏识孩子的倾听能力

孩子总盼望着不受父母约束，得到自由，但又总想令父母高兴。鉴于此，当孩子在注意倾听父母的话时，父母要据情况做出奖励，这会让孩子产生倾听的兴趣，也就更容易学会倾听。

谦虚是法宝

第六章

不吼不叫，培养能力超群的孩子

创造力是孩子一辈子的财富

在信息化社会中，孩子的眼界、知识储备都与父母小时候不一样了。所以，他们往往好奇心更强，容易"异想天开"，做出一些"出格"的事情。如果父母思想传统，就可能觉得这是无法容忍的。但是，教育专家指出，对于孩子的诸多"出格"行为，父母必须仔细甄别、审慎对待，如果"一刀切"地认为孩子是在越轨、破坏纪律，从而进行批评和限制，就可能扼杀孩子的主动性和创造性。父母要做的是对孩子进行正确的引导，调动他们的主动性和创造性，让这种"出格"成为培养孩子创造精神和战胜挫折的勇气的绝佳机会。

在一次美术课上，美术老师给孩子们出了一个题目：小鸡的故事。老师已经教过孩子们怎样画小鸡了，这次美术老师没有进行任何限制，只是出了一个题目，给了孩子们大大的画纸，让孩子们自由发挥，画出自己构思的故事。孩子们非常兴奋，互相说笑着开始各自的创作。

轩轩却没有立刻动笔，他小手托着下巴思考着作品的故事和构图，其他小朋友都画半幅画了他才信心满满地展开纸画了起来。只见他手持画笔飞快地画着，附近陪着孩子学画的大人们的目光都被吸引过来。片刻之间，轩轩就在纸的一角画出了半只小鸡。这下，大人们七嘴八舌地议论开了："这孩子，考虑半天就画出个鸡屁股呀？好好一张纸不画，非要画在边上……"轩轩的妈妈也说："你看看小朋友们画得多好，你怎么画了半只小鸡？把纸翻过去重画吧！"

老师走过来看了看，对大人们说："不要急，让轩轩画完，他肯定有他自己的想法！"

果然，轩轩胸有成竹地完成了那幅画，原来那半只小鸡刚从草地里爬出来，草地中还有一只兔子和一只山羊，正朝着小鸡挥手。大家很好奇他的画讲了一个什么故事，轩轩颇有几分得意地说："鸡妈妈带着孩子们到草地觅食，有一只小鸡走得太远，和鸡妈妈走散了。于是，它就问路过的兔子姐姐：'您好！您看到我的鸡妈妈了吗？'兔子姐姐说没看到。小鸡又问山羊爷爷：'您看到我的鸡妈妈了吗？'山羊爷爷指着远处的花园说：'我看到你的鸡妈妈去那个花园觅食了。'小鸡连忙向山羊爷爷道谢，出了草地去找鸡妈妈了。"

大家这才恍然大悟，小鸡是忙着去找鸡妈妈啊，这让看画的人都仿佛体会到了它寻找家人的急切心情。老师对轩轩的创意非常赞赏，大家也纷纷为他鼓掌。

一个6岁的孩子，却画出这样出乎大人意料的画，他的想象力和创造力都值得赞赏。那么，父母应该如何培养孩子的想象力和创造力呢？

（1）多让孩子编故事、猜谜语

创造力强的孩子，总能够编出天马行空的故事，这是他的形象思维能力和逻辑思维能力起了作用。故事作为一种形象的语言艺术，深受孩子的喜爱。孩子听故事时，既能得到愉悦的感受，又在无形中发展了想象力和创造力，在编故事时效果还会加倍。父母除了让孩子编完整的故事，还可以讲一个故事，让孩子续编故事结尾，例如后来又发生了什么事？主人公怎么样了……这样就可以引导孩子展开想象，从多角度续编。

经常猜谜语，孩子的语言能力、表达能力、分析判断能力以及想象能力都能得到很好的锻炼。这是因为谜语往往用精练的语言表达出事物的特征，能够引发孩子的想象和观察，从而建立语言和具体事物之间的联系，打开孩子的思维空间，堪称"智力体操"。所以，父母一定要多让孩子猜谜语。

（2）让孩子大量阅读

总听大人讲故事，孩子想象能力的发展会有一定的局限性。因为大人的语气、用词等会带有自己的主观意识，孩子难免受到影响，无法自行发挥想象。如果孩子自己进行阅读，就可以主动地进行再造想象，对孩子想象力的发展具有重要的意义。因此，当孩子开始识字之后，必须尽早指导他开始阅读，阅读量越大，孩子的知识结构就越全面，想象力和创造力就会越高。

（3）对孩子的想象和创造给予赞扬

积极性是孩子发挥想象力和创造力的前提，如果孩子缺乏积极性，仅靠父母单方面的努力是收效颇微的。所以，当孩子有了主动想象和创造的表现时，父母要及时表扬、鼓励，孩子就会在愉悦之中更加喜欢想象和创造。孩子的想象往往是天真、离奇甚至幼稚的，父母千万不要用成人世界的"合理性"来衡量甚至嘲笑孩子。

(4) 让孩子多角度地创造性想象

创造性思维的核心，就是发散性思维。所以，父母要引导孩子在想象时不局限于一点，而是多角度、多方向地展开想象。举例来说，孩子说一闪一闪的星星像一盏盏小灯，父母要鼓励孩子想象一下星星还像什么，引导他说出星星像一颗颗珍珠，像一双双明亮的眼睛，像一只只萤火虫等等。

抗挫折能力强的孩子走得更远

居里夫人曾经说过:"我从来不曾有过幸运,将来也永远不指望幸运,我的最高原则是:不论对任何困难都决不屈服!"她是世界上第一个两次获得诺贝尔奖的人,正是她面对挫折和困难时的那种永不服输的精神,帮助她取得了这样伟大的成就。

挫折对于正在成长的孩子来说是一方良药。无论是谁,没有尝过生活中的苦,就永远品尝不到真正的甜;没有经历过坎坷的人,就永远享受不到成功的喜悦。

面对挫折百折不挠、顽强不屈是每一个成功的人都具备的品质。由此可见,培养良好的承受挫折的能力,对孩子来说是极其重要的。

挫折教育成为近几年来众人口中的热门话题。把孩子放在艰苦的环境中,一改娇生惯养的坏习气,逐渐磨炼意志,获得在黑暗中从容漫步的勇气和能力,培养他们的韧性、耐挫力和受挫后的恢复能力,以使他们懂得感恩自己正在拥有的,珍惜别人所给予的,并敢于去争取自己所没有的,从而激发他们寻找幸福的本能。这种教育能使孩子在挫折和苦难到来时从容面对,扛住压力,迎难而上,这样的教育才是真正对孩子好的。

父母都舍不得让自己的孩子去经历艰难困苦，总想帮孩子扫清前路上的一切障碍。父母应该明确的一点是，现实的人生之路本就是坎坷曲折的，前路上未知的考验数也数不清，孩子自己的人生之路要让他自己去走，父母只能指导，不能代替。

奥斯特洛夫斯基曾经说过："人的生命似洪水奔流，不遇上岛屿和暗礁，难以激起美丽的浪花。"没有经历过风雨洗礼的孩子，难以拥有辉煌的人生。

早在远古时代，挫折教育就已经存在了。在那个人类无法战胜大自然的时代，孩子在成年之前都要经过一次优胜劣汰的考验，他们只有经过了这近乎残酷的考验，才能被部族接受。成年族人会将男孩放到荒无人烟、野兽出没的深山中，让他们面临巨大的危险，体会孤独的煎熬，迎接生存的挑战，学会在没有父母帮助的情况下战胜各种困难。经过了千百次锤炼，能够在这种恶劣的环境中生存下来的孩子，才被承认已经成长为成年人，才有资格享有成年人的权利。这种近乎惨无人道的残酷考验就是早期挫折教育的雏形。

到了现代，经济越来越发达，人们的生活条件越来越好，对后代的教育也格外重视起来。

很多发达国家都很重视挫折教育。比如日本，在孩子摇摇晃晃学走路的时候，经常一不小心就摔倒了，这时候他的父母只会看着孩子自己爬起来，而不会上前去扶。相反，有些父母看到孩子摔倒在地，会赶紧上前抱起来安慰一番，为了哄孩子还会对着无辜的地面指责一番。这样的孩子长大后，一旦犯了错就习惯性地把责任推给别人，经受不住任何一点儿挫折。

一个男孩儿，已经9岁了，在家里是老二，爸爸妈妈和姐姐都宠着他。他很聪明，在学校里也是学习成绩比较拔尖的学生，因此非常骄傲。有一次，姐姐得到了一个非常漂亮的飞机模型，男孩儿向姐姐索要，姐姐说这是自己的生日礼物，拒绝给弟弟，男孩儿一气之下竟然上吊自杀了。

是什么原因造成了这种惨痛结局呢？男孩儿的心理何至于脆弱到如此地步？是因为现在的孩子太娇气了，生活太"滋润"了，父母心疼孩子，不肯让孩子受一点儿苦，总是扮演为孩子遮风挡雨的角色。

曾经有过这样一篇报道：

有一个男孩，从小就生活在偏远的山区，他的学习成绩非常好，数理化三科经常满分，人称"三脑袋"，家里对他抱有非常大的期望。高考那年他考的成绩非常好，可以选择自己喜欢的任意一所高校，但是报志愿的时候，父母让他报了一所自己不喜欢的顶尖大学。开始时男孩一直反抗，表示不愿意去那所学校，最后男孩拧不过父母，被逼着去了那所大学，妈妈作为陪读也跟着来了学校所在的城市。学校里强人云集，他很快就淹没其中，不再受人瞩目。在一次考试中，他仅仅得了第二十名。成绩一直是男孩最大的骄傲，他承受不了这样的打击。妈妈陪读了一个月便返家了，不料妈妈前脚刚走，男孩后脚就跳楼自杀了。妈妈得知消息后，悔不当初，失声痛哭道："都是我的错啊！我没有教好他，我不该逼他啊！"

请父母们想一想，如果这样的事情发生在自己的孩子身上，你会怎么办？很多父母将自己未完成的心愿压在孩子的头上，竭尽全力为孩子提供好的教育条件，盼望着孩子有一天能出人头地。为了达成心愿，父母事事操心，学习以外的事情全都替孩子打点好，不让孩子费一点儿心，甚至帮孩子考虑好将来的路，将孩子的每一次考试成绩都看作人生头等大事，成绩稍稍有点儿变动就高度敏感。试问，父母能陪孩子走一生吗？这些真的是孩子想要的吗？这样成长起来的孩子健康吗？能面对生活的风风雨雨吗？

作为父母一定要摆正心态，孩子的人生难免会遇到挫折，一定要放手让孩子去经历，增强其抗挫折的能力。那么父母具体应该怎么做呢？可以参考以下几点：

（1）抗挫折能力与人的成就成正比

要让孩子知道，人有旦夕祸福，月有阴晴圆缺，一帆风顺的人生是不存在的，总有大大小小的磨难在等着孩子。而凡是有大成就的伟人，无一不是经历了数不清的磨难与考验，他们都有非常强的抗挫折能力。

（2）将考试失利这一挫折看作机遇

考试失利能成为什么机遇呢？这是一次磨炼意志的机遇，是锻炼心理素质的机遇，是增强能力的机遇。

（3）在挫折面前要满怀信心

孩子被挫折压得喘不过气来时，给孩子打气，建议孩子放开自己大声呼喊:"我能行!我能行!我能行!"面对一切困难都不要退缩,更不能半途而废,要相信自己有足够的能力找到突破的办法。

(4)培养孩子锻炼身体的习惯

锻炼身体同样能够磨炼孩子的意志。坚持每天早晨或晚间督促孩子去跑步,周末或节假日带孩子去远足、爬山,在一次次的考验中增强孩子抗挫折的能力。

生存技能是孩子必备的技能

父母要培养孩子的生存能力和自我保护能力，让孩子充满勇气地面对生活中有可能遇到的困难和危险。然而，有很多父母只会想方设法地为孩子创造安逸舒适的生活环境，从来不会有意识地培养孩子的生存能力，更舍不得让孩子经受困难和磨难。在父母无微不至的照顾和全权代劳下，有些孩子能力发展滞后，独立性很差，在升入中学、大学后，依然无法独立过好校园生活。

父母全方位保护孩子，只会限制孩子发展的空间，使孩子在独自面对社会生活时无能为力。另外，父母总是紧张、小心地保护孩子，也会让孩子特别胆小，觉得世界充满未知的危险，变得越来越谨小慎微。

一位教育专家在调查报告中，记载了这样一个故事。

早上，在街道上的路边停着一辆警车和一辆轿车。警察坐在警车里，一些戴着红领巾的小学生坐在轿车里。轿车周围簇拥着前来送行的人群，大概有上百人。送行的人使劲往车上递各种美食，还嘱咐道："别乱跑""不要喝凉水，不要吃没洗干净的东西""用自己的水杯、饭碗，不要用别人的""睡觉盖好被子，不要着凉""晚上带着手电筒去厕所"……

警车拉响警笛在前面开道，轿车跟在警车后面行驶，很快消失在街道的尽头。送行的人们依然站在原地，脸上写满了不舍，盯着轿车离去的方向，迟迟不愿意离开。此情此景显得非常"悲壮"，就像面临生离死别一样。

实际上，这只是一所学校组织的小学生社会实践活动。该学校挑选出30名小学生，要去偏僻的山区学习一个星期。与此同时，还要从偏僻的山区挑选出30名小学生，作为交换生来到省城学习一个星期。城市和山区的孩子分别住在对方家里，到对方的学校学习。组织者希望通过这样的社会实践活动，让习惯了城市里优越生活条件的孩子体验农村艰苦的生活，从而让城市里的孩子珍惜现有的优越的生活和学习条件，增强社会责任感，树立理想，致力于缩小城乡差距，也树立振兴中华的理想。与此同时，让山区的孩子亲身体验大城市里紧张忙碌的生活，促使他们努力学习，致力于改变家乡面貌，树立建设社会主义新农村的伟大理想。

虽然活动只持续一个星期，还是住在对方的家里，但是家人和亲戚朋友不仅大包小包、千叮万嘱，还要动用警车开道，这样的孩子将来如何独立生活呢？不管是在自然界，还是在人类社会，都会遵循"物竞天择，适者生存"的普遍规律。在激烈的竞争之中，在恶劣的生存环境下，只有真正的强者才能生存下来，那些不能独立生存、缺乏自立能力的弱者，只能惨遭淘汰。

在一个国家的学校教育中包含一项特殊的课程——野外生存训练。这门课程从20世纪70年代就已经设立了，经过几十年的漫长摸索，结合现代社会发展的切实需要，现在已经成为这个国家中小学生的必修课，获得了全面推广。从小学三年级开始，九岁的孩子就接受初步的野外生存训练。根据学校的教学安排，以及学生年龄的不同，野外生存训练的长短和强度有所不同。训练科目很多，如行军与露营训练、划艇与漂流的技巧、峭壁攀爬、丛林识途与越野等。这些训练不但能够增强孩子的体力，让孩子学会各种技能，提升孩子面对险恶环境的应变能力，而且能够激发孩子挑战自然的勇气，锤炼孩子坚毅顽强的品质。

美国电影《小鬼当家》中，麦考利还很小，却能够从容自如地对付两个江洋大盗，还凭着机智勇敢让盗贼吃尽苦头、受到惩罚，最后被绳之以法。在现实生活中，哪个父母敢把这么小的孩子独自留在家里呢？即使不得已将孩子独自留在家，一旦遇到突发事件，如火灾、地震、患病等，孩子能够从容应对和解决问题吗？

如今，大多数孩子都是独生子女，平日里忙于学习，很少有机会参加各种锻炼。很多孩子娇生惯养，得到父母无微不至的照顾，根本不用为衣食住行操心，更别说接受野外生存教育、探险训练等。很多父母已经意识到要让孩子受点儿苦，学一些在学校学不到的本领，丰富孩子的人生体验。

从人生的角度看，假如孩子从小就生活在重重保护之中，长大后根本无法承受生活的挫折和磨难。父母要调整心态，切勿总是以孩子为中心，剥夺孩子发展独立生存能力的机会。必须避免孩子过度依赖父母，发展孩子的独立能力，孩子才会积极地接受父母的教育和影响，具有不怕困难、战胜困难的决心和勇气。

孩子的观察力要从小培养

提到观察能力,很多对孩子能力培养不够重视的父母都会觉得无关紧要,因为他们觉得,只要孩子是正常的、健全的,眼睛能看,耳朵能听,身体能感觉,自然就会懂得观察,还需要刻意去培养吗?答案是肯定的。

从幼儿园阶段开始,孩子的语言能力就呈现快速发展的状态,但是很多父母会发现,有些孩子能够把在幼儿园发生的趣事向父母绘声绘色地表达出来,有些孩子却磕磕巴巴的说不清楚。到了孩子读小学,开始进行语段的描写甚至是小作文的书写时,这种差距就表现得更为明显。很多孩子能将画面上的内容或经历过的事情完整、准确又生动地写出来,有些孩子却费尽心思也写不出流畅的句子。其实,这种看似表达能力不佳的问题,都有观察能力不够的因素。

观察能力的培养是对一个孩子智力培养的关键一环,这种能力并非与生俱来,它需要父母花时间、花精力,帮助孩子去掌握。

锦锦和雅雅是同班同学,也是一对好朋友,她们经常在一起学习、玩耍。有一次,锦锦和雅雅的妈妈带她们去动物园玩,两个小家伙玩得不亦乐乎,她们不停地跑来跑去,一会儿学着猴子的滑稽样子挠痒痒，一会儿把手臂使劲往前伸着，摇摇晃晃，说是大象的鼻子，还把脖子伸长了比赛，看谁的脖子更像长颈鹿……疯玩了整整一个下午，两个人都累坏了，在回来的路上就歪在车座上睡着了。

从动物园回来后的几天，两个人一提到当时看到的海豚、大蟒蛇，还是嘻嘻哈哈地说个不停，兴奋劲儿一直过不去。

没过几天，班里上语文课，老师让同学们写一篇小作文，作文的题目就是《游玩》，锦锦和雅雅都不约而同地写了去动物园游玩的经历。可是，作文被老师批改了以后，却是截然不同的结果。锦锦的作文声情并茂，不仅写出了动物园里各种动物的憨态可掬，还把自己的心情表现得十分恰当；但是雅雅的作文却是稀里糊涂的，似乎就是凑字数，丝毫谈不上什么可读性。大家读了两人的作文之后都怀疑，她们去的到底是不是同一个动物园。

妈妈也问过雅雅，问她到底喜不喜欢动物园，她说喜欢，妈妈又问她那些动物可爱不可爱，她回答说非常可爱。妈妈更加纳闷儿："为什么那么喜欢那些动物，就是写不出来呢？"雅雅挠挠头，呆呆地说："我也不知道，我就是不知道怎么写……"

其实雅雅的情况就属于观察能力不足，不懂得通过观察来联系学习，也不懂得观察要与思维相结合，只有善于将观察到的事物或现象在头脑当中进行归纳总结或者再加工，才能算是真正的观察过程。很明显，雅雅的父母从小就没有对雅雅的观察能力给予足够的重视，更别谈培养了。

孩子对于周围的事物表现出极大的兴趣，想要去探索，这种好奇心集中在孩子一岁半到四岁的阶段，所以，这个阶段也是父母培养孩子观察能力的关键时期。如果你发现，你的孩子蹲在草丛里看一只蟋蟀喝露水，或者是研究一群蚂蚁搬运食物，抑或只是呆呆地看着窗帘上的小花图案，那都是他们的好奇心在起作用，要抓住机会，教会孩子观察。就像是一项训练一样，在生活中慢慢训练孩子，他们的观察能力就会有质的提升。父母在培养孩子的观察能力时，要注意以下几点：

（1）目标明确

引导孩子观察事物的时候要明确，不能毫无目的地乱观察。比如想要让孩子观察小动物，可以选择小猫或者小狗，引导孩子从整体到局部观察，比如动物的大小、毛色，再观察小动物的生活习性，比如睡觉、吃饭、玩闹等。

（2）注意观察事物的特点

培养孩子观察事物的特点，而不是泛泛地观察。比如，在观察大象的时候，跟孩子进行对话，谈论大象的皮肤和鼻子的特点等。经常这样引导孩子观察，会使孩子形成良好的观察习惯，不会漫无目的。

（3）检验观察结果

观察结束之后，父母一定要检验孩子的观察结果。大多数时候可以通过让孩子口述的形式进行，在这个过程中，父母要不断地重复孩子的话，以示对孩子的鼓励，也可以对孩子口述的内容进行补充。整个复述的过程其实是对观察的一次复盘，能够强化孩子的认知，提升孩子的综合能力。

现在市面上有很多帮助孩子培养各种能力的玩具和教具，但是不是所有的教具或玩具都适合孩子。作为父母，我们力所能及做到的事情有哪些呢？如何才能让孩子拥有超强的观察能力，培养他们对世界的敏锐度呢？以下几个方面可以供父母参考：

（1）带着孩子走进自然

现在的孩子本身学业负担就比较重，适当的户外活动有助于缓解孩子的学习压力，同时也可以帮助孩子培养良好的观察能力。父母带孩子接触自然界中的一草一木，能让孩子更敏锐地察觉到季节的交替以及时空的变化。在这个过程中，孩子会慢慢对很多事物产生探索的兴趣，甚至可以在平常忽略的事物中发现新的天地。当孩子有了新收获的时候，就会进一步激发他们的探索欲望。

父母可以尝试在不同的季节带孩子到相同的地方去观察，比如公园、湖边，让孩子切身体会不同季节的不同景物，观察植物的生长变化过程，天气的冷暖交替，或者是云来云去、大雁南飞、动物冬眠等。当孩子发现这个世界的奇妙的时候，他们就会由衷地感叹世界的美好，而且会怀着同样期待的心情去认真观察其他的事物。

（2）选择性帮助孩子确定观察的重点

孩子在观察周围事物的时候，父母要有选择性地帮助孩子确定观察的重点。比如，多带孩子去体验农村生活，引导孩子观察母鸡，看看母鸡下蛋是什么样的过程，母鸡孵小鸡是什么样的情形，甚至只是母鸡的啄食、奔跑。让孩子多去关注某一个事物的小细节，有助于培养孩子敏锐的观察力。

（3）培养孩子将观察的景象用语言表达出来的能力

会观察，还要会表达，表达的过程其实是对观察能力的一种强化。有一位小学生曾经写过一首叫作《笋》的小诗："悄悄地，拱出大地，想来打听，春天里，树绿的秘密，花开的消息。"短短的一首诗，却足以看出孩子对于外界观察的细致，以及语言表达的流畅，甚至诗中还包含着春意盎然的意境。观察能力绝不仅仅是看和听那么简单，它是一种综合性的能力，是能够伴随人一生的优秀特质。

法国著名的昆虫学家法布尔曾经说过："在对某个事物说'是'以前，我要观察、触摸，而且不是一次，是两三次，甚至是没完没了，直到没有任何怀疑为止。"他写出的《昆虫记》被称作"昆虫的史诗"。法布尔之所以有如此成就，正是源于他超强的观察能力。他早在几岁的时候，就常常在花园里一待就是一整天，观察草叶、花瓣、昆虫的翅膀，可以说，法布尔的一生都是在观察中度过的。一个不具备较强的观察能力的人，很难成为一个智力超群的人。而观察能力的培养要从小开始。所以，抓住机会，带着孩子走出去，好好观察吧，给孩子一个广阔的未来，一个更丰富的人生。

越挫越勇

第七章

不吼不叫，帮孩子平稳走过青春期

从容应对青春期孩子的逆反心理

心理医生认为，孩子在 12～16 岁期间正在经历"心理断乳期"，随着知识面的拓宽，人际交往行为日渐频繁，孩子的内心世界越来越复杂多变，很容易产生"逆反心理"。所谓逆反，就是孩子故意不听父母的话，与父母对着干，总是做父母不允许做的事情，又不愿意做父母要求做的事情。即使知道父母所说的是正确的，他们也不听话。如果不能引导、处理好孩子的逆反心理，就会影响孩子的健康成长。孩子觉得自己已经长大了，对社会、对人生的看法与父母截然不同，不想处处都被父母管着，因而常常与父母顶撞。当孩子进入叛逆期，父母要及时与孩子沟通，帮助孩子树立正确的人生观。不要强制要求孩子，也不要给孩子泼冷水，而是要以爱和宽容对待孩子。好的父母都知道：在叛逆期，孩子最需要父母的理解和关爱，也最需要父母耐心的引导和帮助。

刘强今年 14 岁了，正处在叛逆期。他喜欢反抗，暴躁易怒，反感一切看不顺眼的事物，还会故意逃避，把父母的教导当成耳边风。

一个周末的晚上，刘强从外面回到家里，马上钻进卧室躺在床上，想着一天的种种不快，正当他伸手想抱起枕头扔到地上发泄时，却看到枕头下面躺着一封信。

他打开信，看见上面写道："儿子，我很清楚你对眼下的生活不满意。我知道作为妈妈我未必凡事都是对的，但是，有一点我很确定，那就是我爱你，全心全意地爱着你。不管你对我说什么、做什么，我都不会改变爱你的心。无论何时，我都欢迎你来和我谈心。请记住，不管你身在哪里，也不管你做了什么事情，我都是永远爱你、支持你的妈妈。我为拥有你这样的儿子感到骄傲。永远爱你的妈妈。"刘强的怒火一下子消失得无影无踪了。

此后，每当刘强情绪波动时，妈妈总是会写一封信放在他的枕头下面。妈妈的信伴随着刘强不断长大。

孩子进入青春期，内心开始萌动，对于人生也开始勇敢开拓。在这个阶段，孩子会很叛逆。父母作为孩子的老师，作为孩子的陪伴者，如何应对孩子的叛逆行为呢？

（1）不要轻易责备孩子

如果父母总是不分时间、场合，也不讲究方式方法地批评孩子，并且有些批评并不完全正确，就会伤害孩子的自尊心，导致孩子内心充满愤恨，抱怨父母，甚至仇视父母。在批评孩子之前，父母一定要先弄清事情的原因，不要张口就批评孩子。在的确需要批评孩子时，一定要讲究方式方法，区分时间、场合，还要掌控语气，对孩子循循善诱，让孩子接受批评。

（2）引导孩子控制情绪

通常情况下，孩子不懂得控制自己的情绪，当他对父母的管教不服气时,情绪会比较激动,也许还会冲着父母发脾气。在这种状态下,他也许会言语过激,行动冲动。父母切勿跟着孩子一起着急,而要引导孩子控制情绪,可以先把眼下的事情暂时搁置,让孩子看看电视,出去和小伙伴玩一玩,或者独自一人在房间里做喜欢的事情。孩子的情绪来得快去得也快,等到孩子恢复平静,父母再和孩子讲道理也不迟。

(3)孩子有理时,允许孩子申辩

很多父母都特别讨厌孩子顶嘴,因此谩骂、体罚孩子,这是错误的。在家庭生活中,要发扬民主的精神,允许孩子申辩。在这样的家庭环境中成长,孩子会意识到自己不管做什么,必须"有理"才能站稳脚跟,这有利于孩子的个性发展。有的时候,孩子也许会狡辩,父母要正确引导孩子,与孩子摆事实、讲道理,深度分析问题。这能够培养孩子的理性思维,帮助孩子战胜挫折,走出困境。

(4)允许孩子拥有更多的自由

到了学龄时期,父母要适度给孩子自由,教会孩子为自己负责,例如,允许孩子去同学、朋友家玩,允许孩子独自骑自行车等。随着不断成长,孩子将会明白怎样才能获得更多的自由,也能勇于接受更大的挑战。过度的保护和亦步亦趋的严格管束,只会限制孩子的成长,禁锢孩子的能力发展。

(5)明确行为边界

如果孩子要求得到更多的自由,父母在答应给孩子自由的同时,要让他明确行为边界,从而做到自由有度。例如允许孩子去朋友家玩，但是孩子必须告诉父母去谁家，什么时候回来，到朋友家之后要记得打电话报平安。只有这样，父母才能放心，也可以培养孩子的责任心。

王琦13岁了，正在读初中一年级。星期六，王琦想和同学一起去游乐场，然后在傍晚七点钟看一场电影，大概要到八点半才能看完，九点前后到家。王琦的妈妈不知道是否应该答应王琦的请求，心中很困惑："初一的孩子能自己去游乐场、看电影吗？""妈！你就让我去吧！"王琦软磨硬泡试图说服妈妈，"又不是我一个人，还有其他同学呢！同学们都嘲笑我胆子小，这么大的人了还离不开爸爸妈妈，自己一个人什么事都不会做！""但是，我真的很不放心你的安全。"妈妈回答。"同学们都这样，我当然也可以！"王琦开始掉眼泪。

"王琦，我先打电话咨询一下孙毅的妈妈。"王琦妈妈希望参考其他妈妈的做法，"你和孙毅是好朋友，我想知道孙毅妈妈是怎么想的。"

"我正想打过去呢！"接到王琦妈妈的电话，孙毅妈妈高兴地说，"孙毅和王琦一样吵个不停，说的话也如出一辙。我为了看看其他妈妈的做法，还给班级里其他同学的妈妈打过电话，她们也面对相同的情形。""那么，我们商量一下，看看如何处理这件事情吧。否则，孩子们会觉得我们不近人情，总是想要掌控他们。"王琦妈妈笑着说。

最终，妈妈们一致决定允许孩子们星期六结伴去游乐场，大概两个小时，假如晚上还要看电影，至少要有一位妈妈陪同。这样就给了孩子有限的自由，妈妈们也比较放心。"妈妈，这种规定有意义吗？"王琦对妈妈们的集体决策不以为然。"规定就是规定，你想去游乐场、看电影，就必须遵守。或者，你也可以选择不去。你自己考虑吧。"妈妈丝毫不为所动。

王琦决定遵守规则，这样才有机会和同学一起去游乐场。独立行动了几次之后，他们发现游乐场里并没有什么好玩的，很纳闷自己以前为何疯了一样地想去游乐场。王琦不知道，假如不曾得到机会去尝试，他就不可能亲身体验，更不可能有思想上的转变。

（6）适度惩罚孩子

假如孩子滥用自由，没有遵守约定，父母应该剥夺孩子的自由，让孩子在一段时间内失去自由，以此作为对孩子的惩戒，然后再给孩子机会再次享受自由，看看孩子的行为是否有所改进。例如："我已经告诉过你，不能骑着自行车去马路上。"现在的孩子都有逆反心理，作为父母应该从容应对。

青春期的孩子内心很脆弱

现在，家家户户的孩子少了，孩子从出生起，就受到来自几代人的关注，成长过程中也伴随着身边众位长辈的呵护。现在的经济条件也好了，孩子在物质方面的要求，长辈一般都会毫不犹豫地满足他们，这就让孩子越来越贪图物质享受，不知道苦和累是什么，不知道如何面对困难和挫折。这样的孩子受不了任何困难的折磨，遇事就会选择退缩，稍有不如意就会闹脾气，这就是"蛋壳心理"的表现。

"晴晴，你睁开眼睛看看妈妈，告诉妈妈你怎么了？""晴晴……"

晴晴的妈妈边摇晃女儿边拼命地喊着，她不明白为什么自己早上还活蹦乱跳的孩子，现在会自杀。

晴晴是家里的宝贝，从一出生就受到全家人的宠爱，爷爷奶奶将这个唯一的孙女当掌上明珠看待，爸爸妈妈对她也是宠爱有加。晴晴家里的经济条件比较好，可以说，晴晴想要什么家里都会尽全力满足。无论什么事情家里人都会依着晴晴，夸奖和赞美更是从来不断，晴晴幸福得像生活在蜜罐里。

上小学时，晴晴的成绩从来没有出过年级前十，经常得到各种名目的奖状，老师、父母夸奖她，同学们羡慕她，小孩子都喜欢围着她转。晴晴就生活在这种众星捧月般的氛围中。她对自己的要求也很高，次次考试都争先。在某一次考试中，由于她感冒了，在考场上发起了高烧，这样一来最后只考了班里第八名，尽管父母觉得晴晴的成绩已经很好了，但晴晴还是为此大哭了一场。小升初的考试时，晴晴由于成绩优异，顺利考入了当地一所很有名的重点中学。

这所学校是晴晴梦寐以求的，这里聚集了众多优秀的学子。军训结束，大家都很快适应了新学校紧张忙碌的节奏，每个同学的优秀就很快显现了出来。可是，晴晴却突然发现自己之前的那种众星捧月的优越感已经不复存在了。所谓"人外有人，天外有天"，晴晴周围优秀的同学多得是，再没有人围绕在她周围了。上课时，晴晴回答不上来的问题，其他同学会很快回答上来，老师赞许的目光会落在别人身上；班里的班干部竞选晴晴也参加了，但是最后落在了能力更强的同学身上；语文课上，老师把另一位同学的作文当作范文，当堂阅读，让大家鉴赏；学校举办英语演讲比赛，老师把名额给了英语口语更加流利的其他同学……

一直备受瞩目的晴晴被这一切打击得体无完肤。她不断怀疑自己，不断想象自己摔下高台的惨状，朋友的唏嘘，亲人的叹气，她责备自己不争气，觉得一生也就这样了。在这样绝望的情绪下，她向那条河跳了下去。

幸亏有人路过，发现并及时救起了她。

小美的烦恼

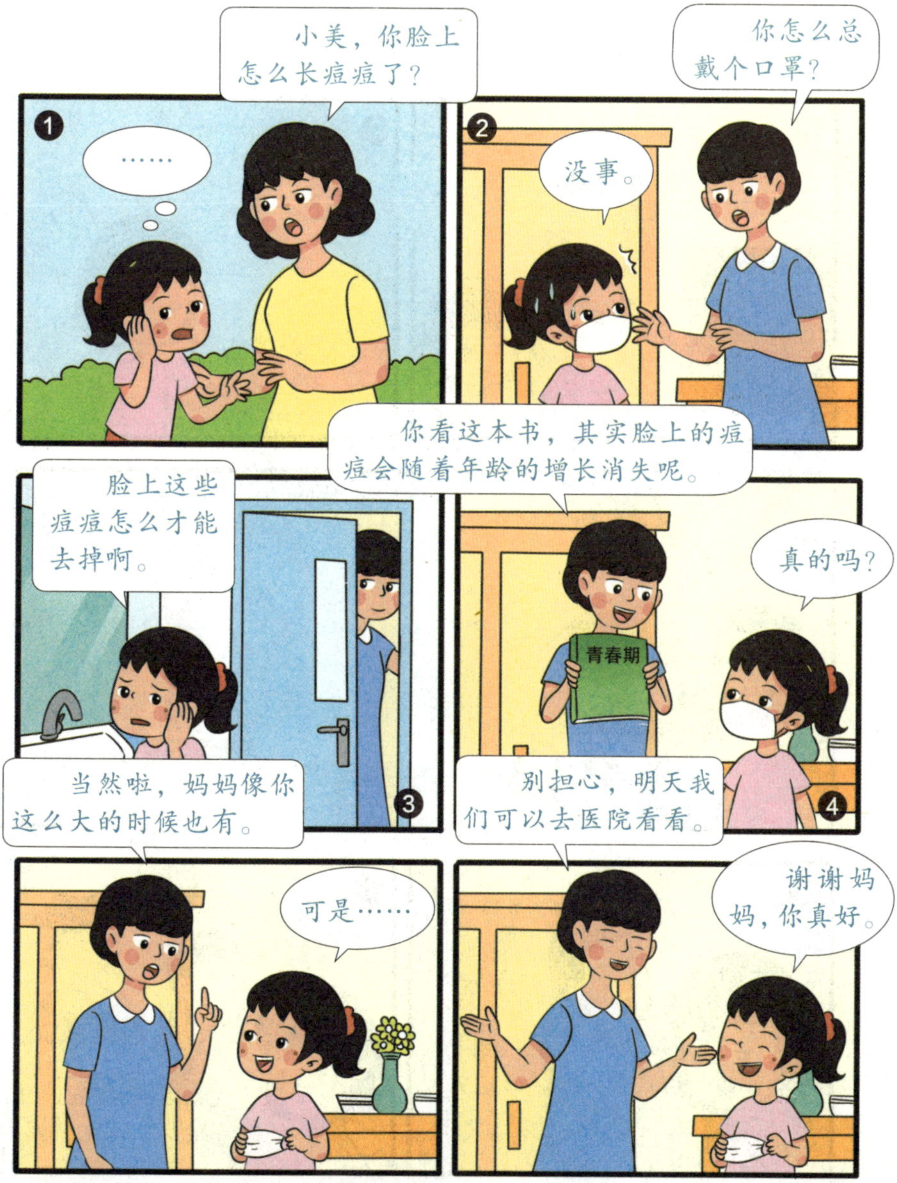

难忘的演唱会

（5）帮助孩子把追星转化为动力

追星的行为是对榜样的认同，在一定程度上会让孩子产生向偶像学习的欲望。所以，对于青春期的孩子来说，崇拜什么样的偶像对他们的成长是有较大影响的。偶像作为孩子至少一段时间内的心灵寄托，如果富有责任感和奉献精神，就会让孩子变得积极向上。如果孩子仅仅羡慕偶像外表靓丽、风度潇洒、生活优越的话，则会产生一定的负面影响，无法成为其前进的动力。这时，就需要父母进行适当的干预，至少要让孩子知道偶像获得当前的生活，是靠努力得来的，还可以借此为孩子的特长搭建实践的舞台，让孩子努力用行动向偶像看齐，把追星情结转化为自我激励的力量。

（2）不要粗暴干涉孩子的正常追星行为

青春期的孩子开始有隐私意识，不再对父母毫无保留，这是正常现象。其中，追星也被很多孩子视为隐私，这种情况下即便是父母也不要干涉。父母武断地认为追星是错误行为并进行粗暴干涉，对孩子的自尊心是一种伤害，极易引发亲子矛盾。

（3）对不理智的追星行为必须制止

虽说追星是孩子正常的心理需求，但是他们毕竟心理不成熟、阅历浅、性格容易冲动，所以会做出一些不理智的行为。例如，不顾学业去机场见某位明星，甚至参与到调查明星酒店乃至乘车追赶明星座驾等非法行为；把"粉丝团"的相关事宜当作重中之重，生活中的一切都围绕着明星转；因为明星恋情曝光或结婚，就觉得自己"受骗了"，变得精神沮丧，甚至做出冲动行为；等等。这一类疯狂的追星行为，对学业和身心健康都有严重的不良影响，父母必须给予足够的重视，进行正确的引导乃至强行干涉。

（4）让孩子崇拜多方面的"星"

孩子阅历较少时，追求的"星"往往是影视演员、歌手或体育明星。父母应该积极引导孩子开阔视野，让他们懂得值得学习、崇拜的人物不只这些，还包括英雄人物、劳动模范、出色的科学家、杰出的艺术家等。这样一来，孩子就会意识到值得崇拜的不只是漂亮的容貌、优美的歌声，还包括顽强拼搏的精神。这样，孩子的价值观会逐渐成熟，可以自己判断出哪些行为值得学习和借鉴，哪些行为不能模仿。

与思想交流容易通过时髦靓丽、能歌善舞的明星得到一定的补充。理智追星，能给孩子带来一定的精神寄托，甚至对他们的学习起到正面促进作用，有利于他们的人生发展。但是，过分沉湎，盲目追星，却会影响孩子的身心健康。孩子追星，父母不能横加阻挠，但也不能放任自流，而是要积极进行正确的引导，尽力争取让追星行为成为孩子前进的动力，而非阻碍。

盲目追星对孩子的危害是非常大的，但全盘否定也是不可取的。不同时代的青少年都有自己崇拜的偶像，例如五六十年代的孩子崇拜雷锋、保尔·柯察金、刘胡兰等英雄人物，八九十年代至今的孩子则多数崇拜影视明星及流行歌手，而崇拜各种选秀节目中推出的年轻偶像的趋势也日益明显。可以看出，这些偶像在一定程度上都是孩子对未来的梦想的寄托，丰富了孩子的情感世界，缓解了他们的种种压力，这些都有积极意义。所以父母对孩子的追星不能粗暴干涉，但放任自流也是不负责任的表现。正确的方式，就是进行有策略的正确引导。其中，以下几方面需要着重注意：

（1）正确看待孩子追星

如果父母对孩子追星深恶痛绝，那么是无法做出正确的引导行为的。所以，父母首先必须清楚，孩子崇拜偶像是成长中的必然现象，一定不要苛求他们完全拒绝偶像，那是不合理的，也是无法实现的。孩子正常程度的追星父母不要横加干涉，甚至可以主动了解一些孩子偶像的相关资料，与孩子找到共同语言，帮助他们理智追星。

正确对待青春期追星的孩子

如今"追星族""饭圈"等已经成为越来越热烈的社会话题，而这些人中的一大"主力"就是正在读书的孩子。他们对明星尤其是自己所崇拜的偶像，很容易陷入过度的痴狂：看他们主演的每一部影视剧，听他们演唱的每一首歌曲，疯狂地购买他们的单曲、杂志等，在网上疯狂收集有关偶像的一切资料，例如生日星座、身高体重、兴趣爱好、服装品牌乃至恋爱情史等，而且做到了如数家珍。随着网络的日益普及，有些陷得过深的孩子，尤其是女生，不再将学习放在眼里，整天想的都是关于偶像的事。他们时刻为偶像的"流量"担忧，疯狂攻击其他偶像及其粉丝，甚至成为别有用心的人进行网络暴力和人身攻击的工具。这样的孩子，学习成绩很容易下降，甚至性格都会产生扭曲，对他们的一生产生不利的影响。

对于青春期的孩子来说，追星并不是什么值得大惊小怪的事情，反而是哪个孩子没有喜欢的明星才比较罕见。青春期的孩子，独立意识不断增强，渴望剪断与父母之间的"心理脐带"。但是，他们对父母的依赖削弱之后，很容易产生"情感真空"，加上学业的压力以及物质丰富而情感贫瘠的环境，最终导致他们需要的情感抚慰母也要流露出喜悦之色；如果孩子的神情悲痛，那么父母也要显得非常沉痛。

所谓的口头语言就是父母通过"嗯""噢""我知道了"之类的话语，表示自己对孩子讲话内容的关注，消除孩子"妈妈（爸爸）在想别的问题，没有认真听我说话"的心理误会。

当父母通过口头语言表达对孩子的关注时，一定要遵守"简洁、温和、体贴"的原则。如孩子觉得心里难受，而父母只是不停地安慰孩子"这没什么，你要学会坚强""为这一点小事难过，不值当"，孩子会觉得你一定不理解他的感受。但是如果父母说"我知道你很难受，如果我碰到这样的事情，肯定也会觉得委屈"，相信会有截然不同的效果。

父母在用口头语言安抚孩子的消极情绪时，一定不要大声呵斥，应当采用温和亲切的声调，这样才能建立亲子之间信任的桥梁，激发孩子交流的积极性。

(3) 倾听需要一定的耐心

关于自己成长的感受，孩子是很愿意和他人一起分享的。如果父母愿意耐心倾听孩子成长路上的点点滴滴，那么一定能取得孩子的信任，这就为后续亲子之间的顺畅交流创造了条件。若是父母没有耐心倾听孩子的叙述，不仅会挫伤孩子的自尊，导致孩子的负面情绪无法宣泄，还会破坏亲子关系，使双方之间越来越疏远，矛盾越积越多，到最后引发孩子强烈的对抗心理，这个时候，父母再想和孩子沟通就很困难了。

子内心的孤独感，进而增进亲子关系。而不懂得用心倾听的父母则无法走进孩子的内心。

（2）给孩子一种被关注的感觉

在倾听的过程中，父母要用自己的言行给孩子一种"我很在意你讲什么"的暗示信息。这种暗示信息可以给孩子带来一种"我被关注"的安全感和亲切感。另外，这种暗示也维护了孩子的自尊心。众所周知，每个人在与人交流的时候都希望得到别人的重视，孩子也不例外。如果孩子在说话的时候，你听得心不在焉，那么他的自尊心一定会受到伤害。因此，给孩子一定的关注是倾听环节必不可少的步骤。

父母给孩子的关注一般是通过体态语言和口头语言实现的。

体态语言又称"动作语言"，是人际交往中传情达意的重要方式。它一般通过情态语言（如目光语言、微笑语言等）、身势语言（手、肩、臂、腰、腹、背、腿、足等动作）和空间语言来表情达意。

比如，在倾听孩子倾诉的过程中，父母可以搬个小凳子坐在孩子跟前。这种空间语言在无形中告诉孩子父母特别在乎他说什么，父母和他之间的心理距离非常近。

另外，父母还可以通过身体微微前倾的方式告诉孩子自己很重视他的讲话。如果父母做出了身体后仰的动作，则暗示对孩子的话并不在乎。

除了空间语言和身势语言，父母还可以通过表情"同频共振"的方式表明与孩子的情感相吻合。如果孩子的表情异常兴奋，那么父孩子:"我也不是很肯定,只是猜测。不过,不管怎么样,我都没有做对不起欢欢的事情。"

妈妈:"我知道,她冤枉了你。"

孩子:"是的。本来我以为她会因为抄作业连累了我而心里愧疚的,没想到她反而恩将仇报!"

妈妈:"你觉得如果你说实话,她会相信吗?"

孩子:"我不知道……不管怎样,我都应该跟她解释清楚,然后让她跟我赔礼道歉。"

读完上面的案例,我们会发现,其实有时候父母不需要说教,只要认真倾听,孩子就能把事情的前因后果说得清清楚楚,而且他还有一套解决问题的方案。因此,从某种程度上说,父母的倾听比说教更重要。倾听可以让父母走进孩子的内心世界,倾听可以更好地促进亲子之间和谐交流。

那么,父母应当如何有效倾听孩子的心声呢?以下是几点可行的建议:

(1)学会用心倾听

要想做一个让孩子满意的倾听者,父母首先要做一个用心的听众。所谓用心,也就是专注。面对孩子絮絮叨叨的话语,父母如果肯花时间认真地听完,那么就是一个合格的倾听者。如果父母只是心不在焉地听、假装听、有选择地听,那么很有可能扼杀了孩子自我疗伤的机会。

总之,用心倾听的父母可以通过轻松愉快的聊天氛围,排解孩没法交流，把什么账都算在我的头上。"

如果上面案例中的妈妈能够以一种倾听的姿态来和孩子对话，那么一定会出现一幅和谐而温馨的沟通画面。

孩子："我真的非常讨厌欢欢！"

妈妈："你现在一定很愤怒吧……"

孩子："是的，我真的想在她的屁股上踹一脚！"

妈妈："你为什么会那么讨厌她？"

孩子："你知道吗？今天下午她突然像发疯了一样，把我的作业撕碎扔在了地上。可是在这之前，我根本没有得罪她。"

妈妈："哦，原来是这样啊！"

孩子："我觉得我们之间有误会。上午，语文老师布置了一道很难写的作文，她不会做，就直接抄了我的。这件事后来被老师知道了。我们就都被罚站了，而且还写了检讨。我怀疑，她以为是我向老师告的黑状，所以才撕碎了我的作业。"

妈妈："你是这样认为的呀！"

孩子："是的，因为她捧着作业，满脸怨恨地看着我。"

妈妈："哦。"

孩子："但是我真的没有告诉老师，我没有！"

妈妈："是吗？"

孩子："那当然！我觉得是后排的小东泄的密。今天中午，我看见他神神秘秘地在跟老师讲悄悄话。"

妈妈："哦，一定是小东告的状吗？"

对待青春期孩子要有耐心

有时候倾听产生的效果远大于说教。尤其是对于青春期的孩子，耐心倾听可以打开孩子的心扉，给孩子一个倾诉心声的机会，同时可以使父母充分了解孩子的所思所想，从而针对孩子存在的青春期的种种问题做出理性的指导。如果父母不懂得倾听孩子的心声，只是一味说教，那么就会出现类似下述案例的情形。

孩子："我真的非常讨厌欢欢！"

妈妈："怎么了孩子，你为什么这么说呢？"

孩子："她把我的作业撕了！"

妈妈："你做了什么让她不高兴的事情吗？"

孩子："我什么也没做！"

妈妈："你确定？"

孩子："那当然，我真的没有招惹她！"

妈妈："欢欢是你的好朋友，我觉得你不该记恨她。毕竟有的时候你也很调皮，总喜欢先去招惹别人，惹完之后又抱怨别人欺负你。"

孩子："才不是呢，这次真的是她先欺负我……哼，真是跟你始有终,要有坚持的精神。

(3)父母从旁引导

孩子遇到挫折,无论大小,父母都应该先帮孩子分析遭受挫折的原因,再逐步引导孩子树立面对挫折的正确心态。如"虽然这次成绩不是很理想,但是我最弱的一科比上次有进步了""我体育不好不能参加比赛,但是我可以在主席台做广播员给同学们加油"。孩子通过自己的调节,战胜了困难,就能体验到成功的喜悦,增强自信心。

(4)父母做好榜样

遇到挫折,每个人都会有想要摆脱困境、排减压力的心理,这时候,父母应该树立正面的榜样形象。如果父母在面对困难时,表现出乐观、积极的态度,孩子就会受到正面的影响,勇敢面对挫折,寻求解决困难之道,主动化苦难为动力,直到战胜困难。

的孩子一般难以正确认识自己，此时就需要父母帮助孩子，找到孩子心灵的突破口，清除"蛋壳心理"这个孩子成长路上的隐患。应该注意的是，被爱包裹和缺失爱都易导致孩子"蛋壳心理"的形成。一些父母将孩子养得无比娇贵，舍不得孩子为了生活费一点儿心力，这样的孩子在有一天要独立面对生活的时候，或遇到打击和挫折时，就会惊慌失措，心理承受不住，也应付不来。一些父母养孩子就是放养，对孩子不闻不问，完全不放在心上。孩子在心理成长的关键阶段，遇到当前阶段难以承受的打击时，没有大人的关心和引导，孩子很可能会被击溃心理防线，造成不可估量的后果。每个孩子的情况不同，但有一点是一样的，只要超过心理承受极限，"蛋壳"一定会被击碎，造成意想不到的惨痛后果。

所以，父母应该从现在做起，让孩子远离"蛋壳心理"。这就需要培养孩子坚强的意志，帮孩子锻炼出一颗强大的心脏，这才是真正地为孩子的一生保驾护航。要做到这一点，就需要父母的引导和孩子自身的努力。万事开头难，孩子可以先从生活小事做起。

（1）让孩子体会生活艰辛

让孩子照料一只小狗，每天给小狗喂食，定期清理狗屎，给小狗洗澡，在孩子的照料下小狗才能茁壮成长，让孩子明白做什么事情都要付出辛苦和努力。

（2）培养孩子做事有始有终的精神

小孩子经常做事没有目的和计划，随意转变心意，经常中途放弃。因此父母就要鼓励孩子给自己打气，做一件事要有头有尾、有晴晴这就是典型的"蛋壳心理"。晴晴从小生活在父母和亲人的精心照料下，一切都是父母帮忙打理好，无论在学校还是亲人和朋友面前，都有极高的优越感。她也养成了处处跟别人比较的性子，受不了有人比她优秀，看不了别人受到夸奖。所以到了能人云集的中学之后，强烈的心理落差，让她难以承受，负面情绪越来越多，最后不堪重负，走上了绝路。可以预见的是，晴晴这样薄弱的意志和精神，将来是难以承受来自社会的压力和生活的考验的。

孩子有"蛋壳心理"，一般表现为不能肯定自我，缺少自信，甚至怕被别人看不起。在与人交往中，常常出于保护自己的心理，会退缩、孤僻，容易偏激、敏感，甚至敌对，稍有不顺心，就会采取攻击、报复等激烈行为去解决问题。

孩子的5~6岁和12~13岁，即小学入学前后和青春期这两个阶段，是心理成熟和发展的关键时期。在这两个关键的转折期，孩子会因自身成长的变化而变得困扰和混乱，只有在心理上进行"自我统合"后，才能完成其内部心理活动和外部环境的整合与适应。"自我统合"成功完成会使人格得到健全发展，但如果孩子的内部心理活动和外部环境表现为不平衡、不稳定，却又没能在外力帮助下平衡这些不稳定因素，那么孩子内心的冲突随时会因一根导火索被引燃。由于导火索的不同，孩子秉性不同，冲突爆发的时间、内容和方式也会有所不同。一些孩子会采用自我伤害的方式寻求解脱，还有一些孩子会对别的人或物施暴以泄愤。

父母应该格外注意自己的孩子是否有"蛋壳心理"。有这种心理